CB069297

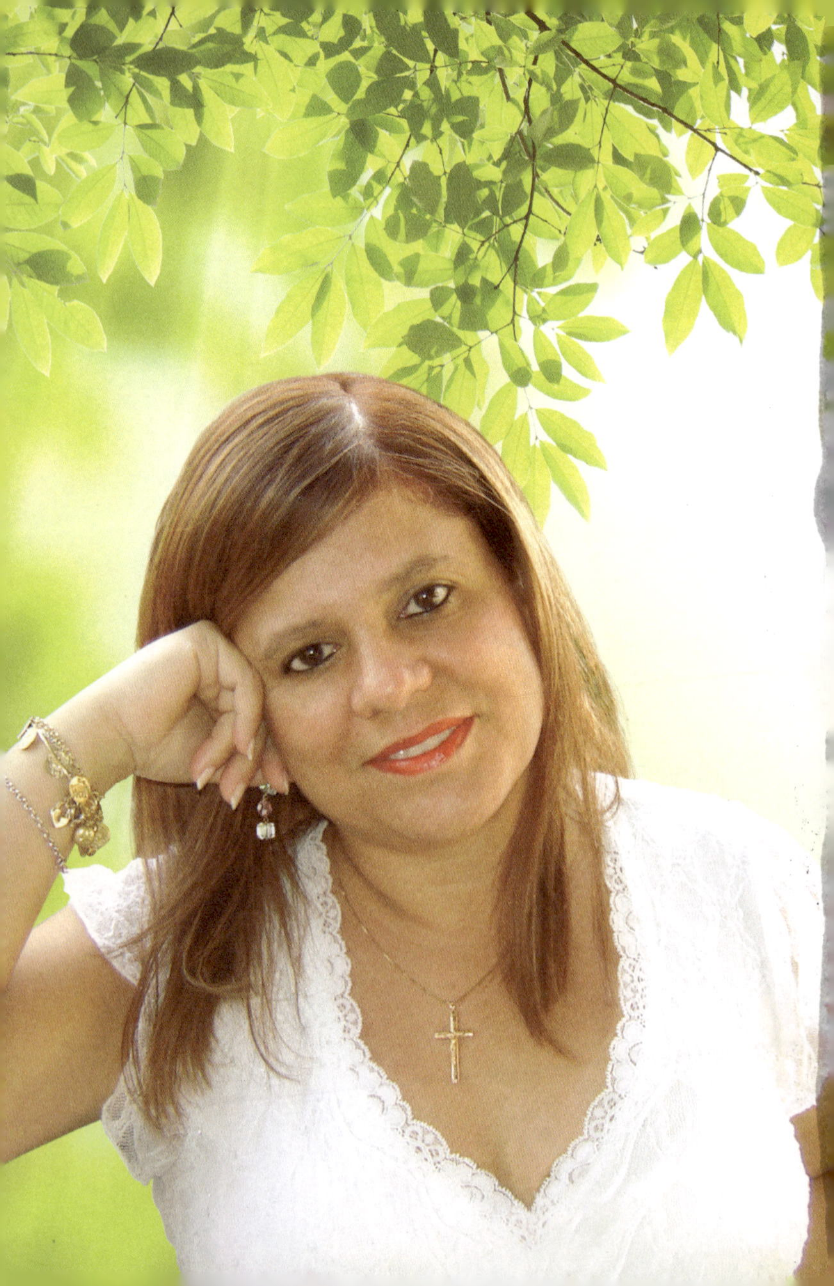

Mônica de Castro

Aém de escritora de grande sucesso, é Procuradora do trabalho. Nasceu no Rio de Janeiro em 1962 e psicografa romances espíritas desde 1999. A escritora sente grande responsabilidade ao publicar suas obras, considerando que muitas pessoas se espelham naquilo que escreve. Por isso, empenha-se em divulgar, ao máximo, os ensinamentos espiritualistas. Já publicou, pela Editora Vida & Consciência, dezoito romances. Seus livros, quando lançados, rapidamente figuram na lista dos mais vendidos do país.

© 2013 por Mônica de Castro
©photo by Anke Peterat / Getty Images

Capa: Vitor Belicia
Projeto Gráfico: Vitor Belicia
Preparação: Mônica Gomes d'Almeida
Revisão: Cristina Peres e Sandra Custódio

1ª edição — 1ª impressão
10.000 exemplares — outubro 2013
Tiragem total 10.000 exemplares

Dados Internacionais de Catalogação na Publicação (CIP)
(Câmara Brasileira do Livro, SP, Brasil)

Castro, Mônica de
Momentos de inspiração com Mônica de Castro. —
São Paulo : Centro de Estudos Vida & Consciência Editora, 2013.

ISBN 978-85-7722-275-9 (capa dura)
ISBN 978-85-7722-269-8
1. Espiritualidade 2. Livros de frases
3. Reflexões I. Título.

13-11045 CDD-808.882

Índices para catálogo sistemático:
1. Frases : Reflexão : Literatura 808.882

Todos os direitos reservados. Nenhuma parte desta edição pode ser utilizada ou reproduzida, por qualquer forma ou meio, seja ele mecânico ou eletrônico, fotocópia, gravação etc., tampouco apropriada ou estocada em sistema de banco de dados, sem a expressa autorização da editora (Lei nº 5.988, de 14/12/1973).

Esta obra adota as regras do novo acordo ortográfico (2009).

Editora Vida & Consciência
Rua Agostinho Gomes, 2.312 – São Paulo – SP – Brasil
CEP 04206-001
editora@vidaeconsciencia.com.br
www.vidaeconsciencia.com.br

Momentos de inspiração
com Mônica de Castro

Com a maioria de seus livros sempre presentes na lista dos mais vendidos, a consagrada autora Mônica de Castro apresenta uma compilação de frases tocantes, repletas de ensinamentos valiosos. Uma nova forma de encarar os desafios do dia a dia, com muito otimismo e equilíbrio.

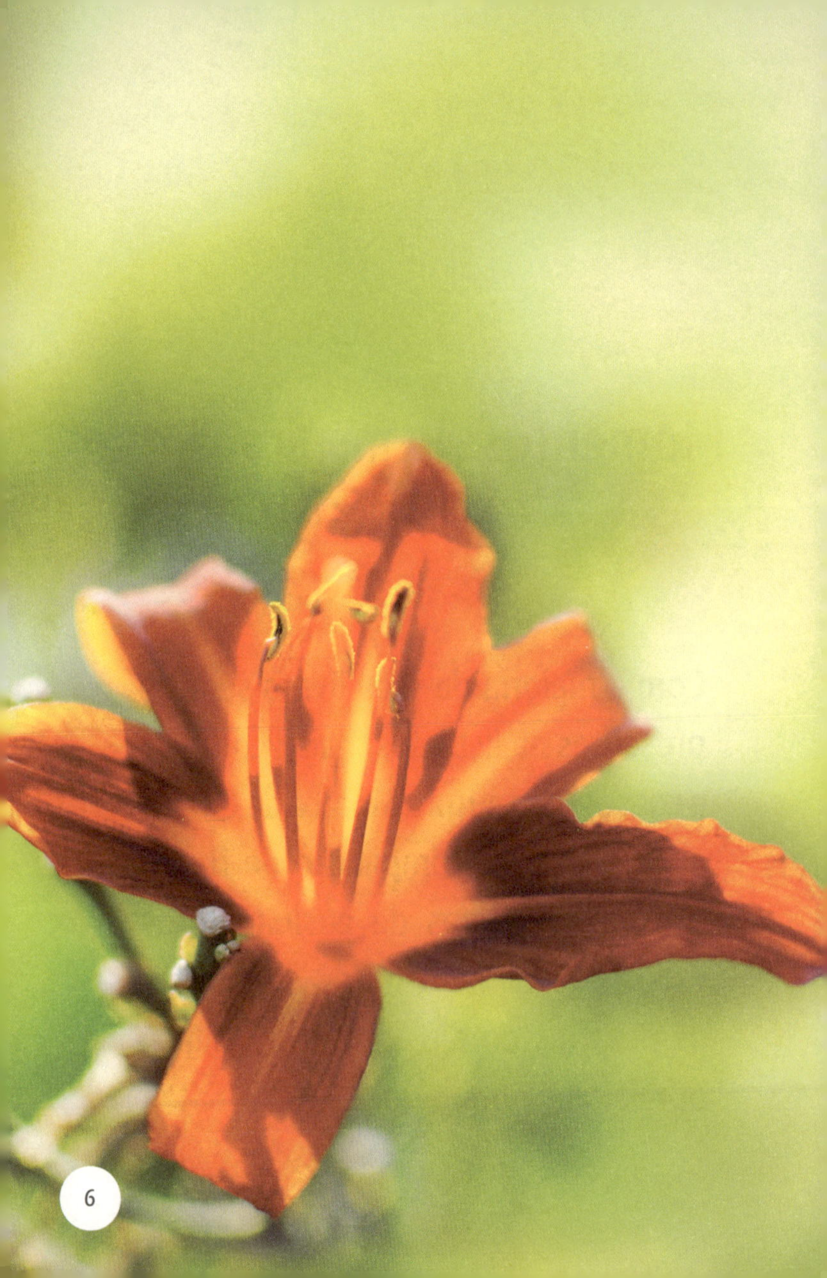

Não se esqueça de que Deus não dá a ninguém fardo maior do que seus ombros podem suportar.

8

Ninguém apaga o passado. Precisamos aceitá-lo como ele foi, porque não podemos mais modificá-lo. É com as experiências do passado que precisamos viver no presente e construir o futuro.

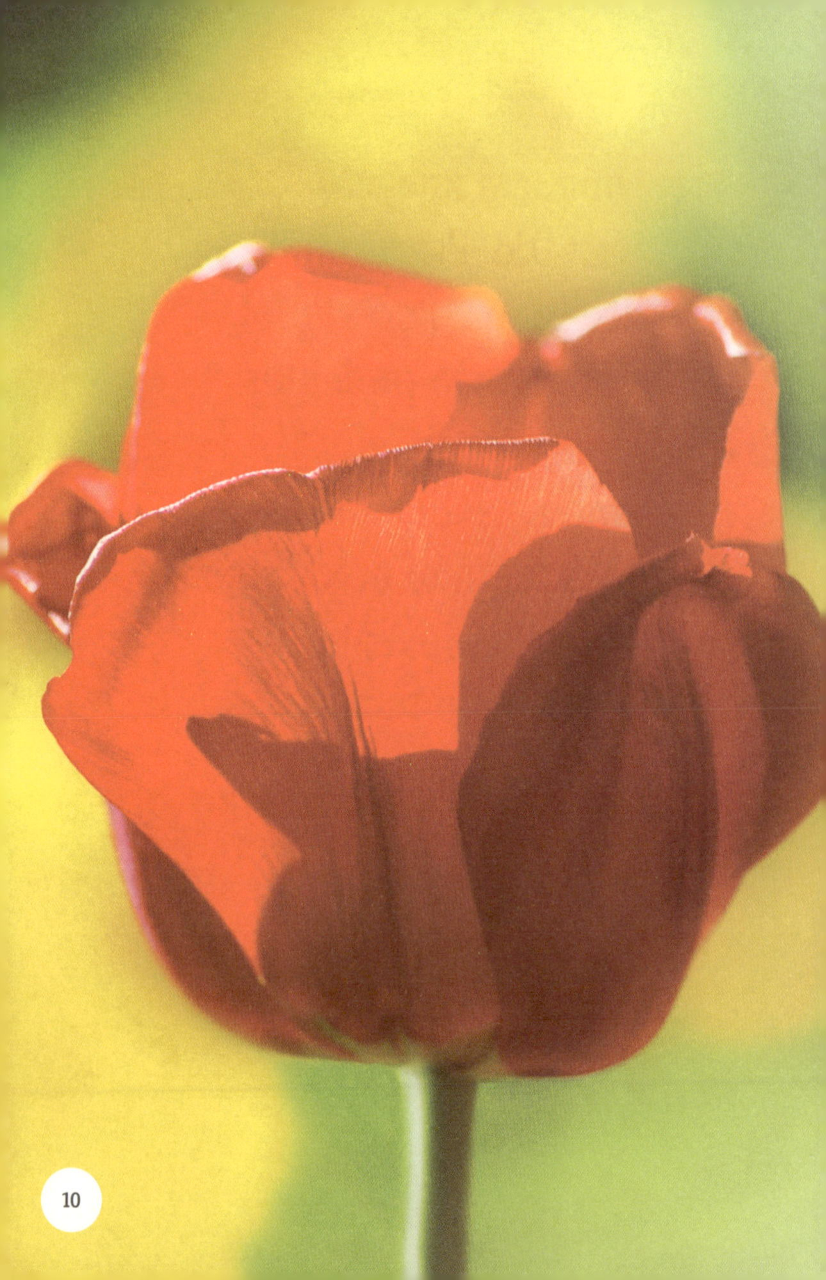

Não culpe a vida
pelos seus atos.
Saiba que nada
que acontece é por
acaso, e cada um
somente colhe aquilo
que plantou um dia.

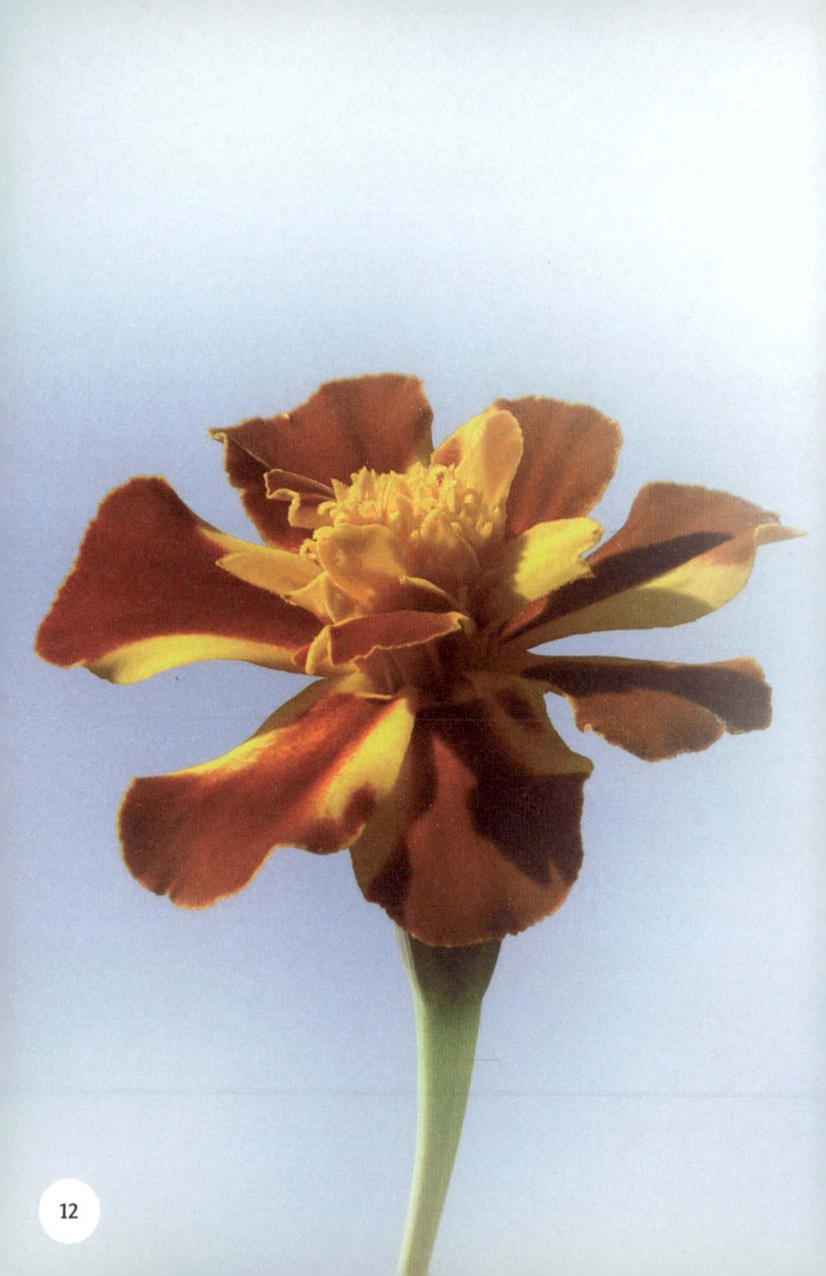

Saber receber é tão importante quanto saber dar. Aceite os presentes da vida com sabedoria e responsabilidade.

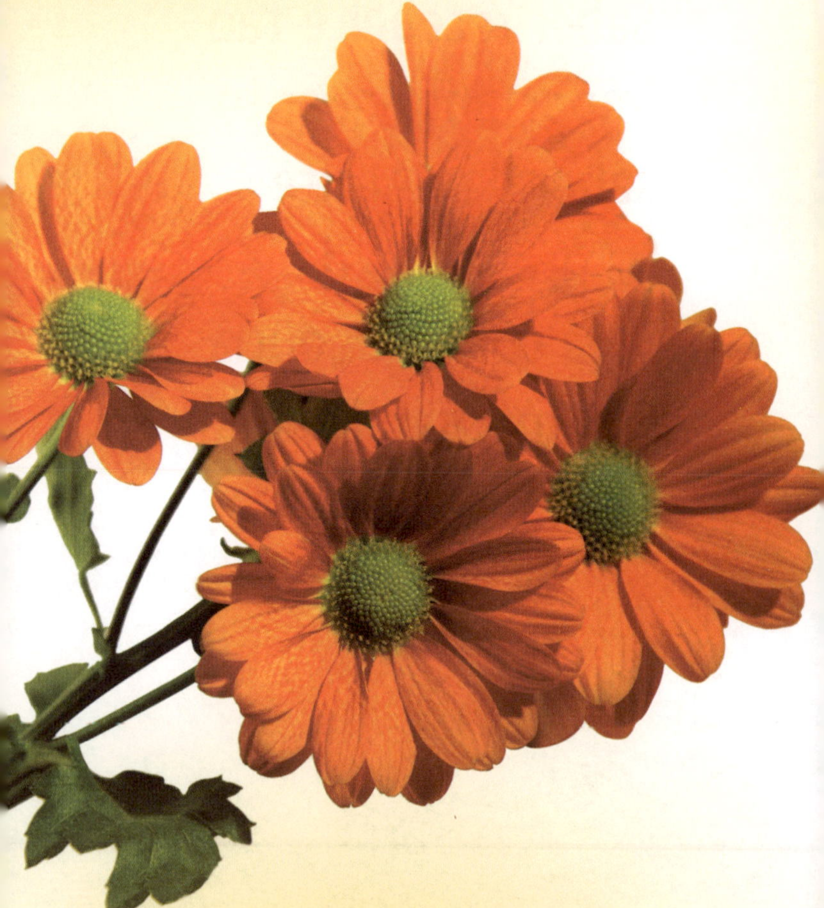

Só se desvirtua dos ensinamentos de Deus quem não consegue amar. A única lei que é eterna e verdadeira é a do amor. A partir daí, tudo o mais é consequência. Quem ama compreende, ajuda, não critica, não rouba, não inveja, não mata, não fala mal.

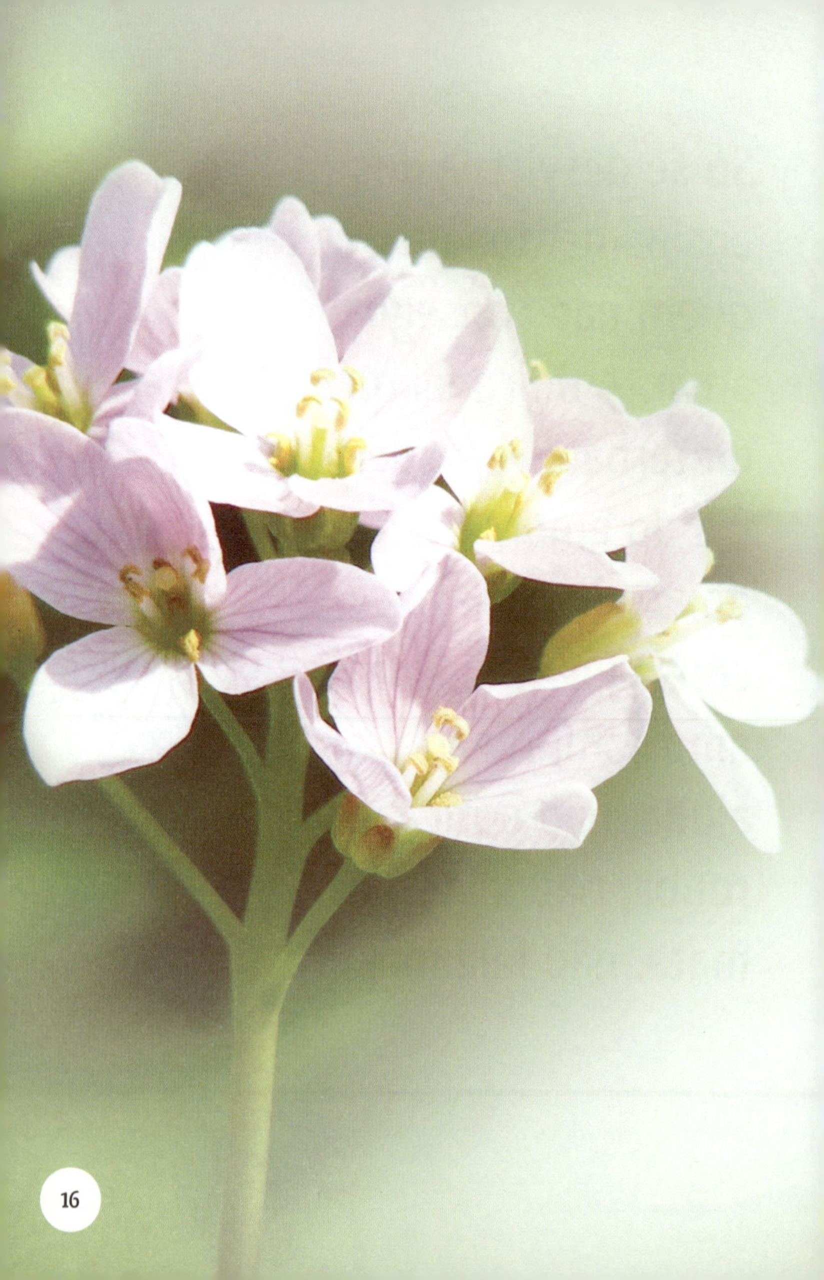

Não faz bem alimentar o ódio no coração. Envenena a alma, ao passo que o perdão purifica e liberta.

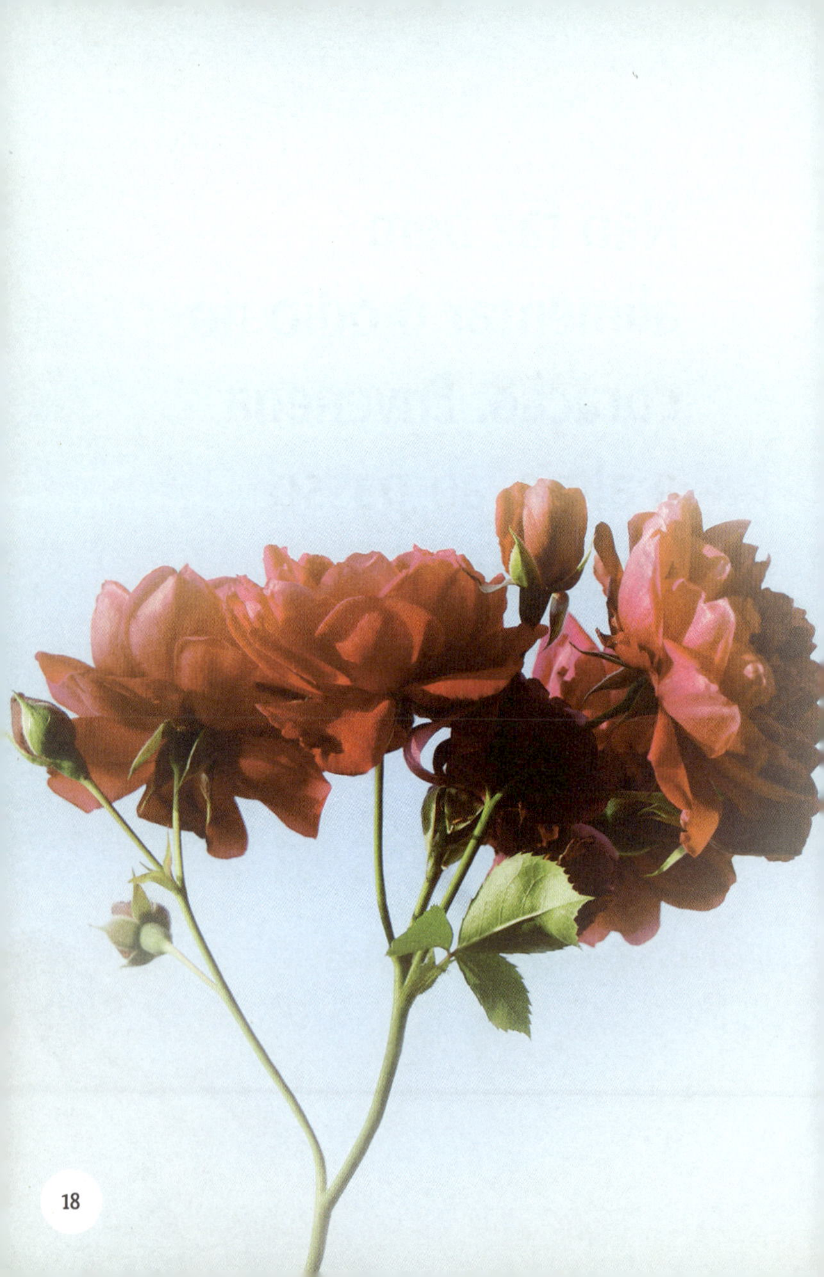

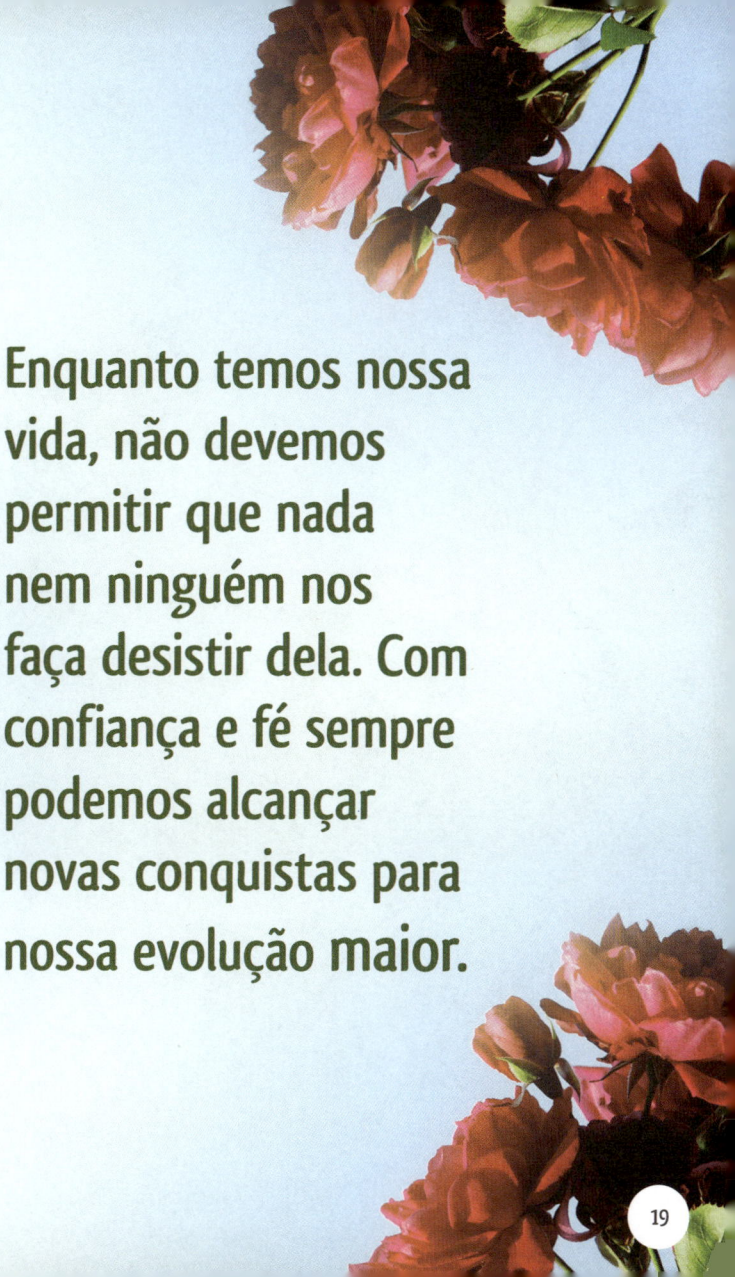

Enquanto temos nossa vida, não devemos permitir que nada nem ninguém nos faça desistir dela. Com confiança e fé sempre podemos alcançar novas conquistas para nossa evolução maior.

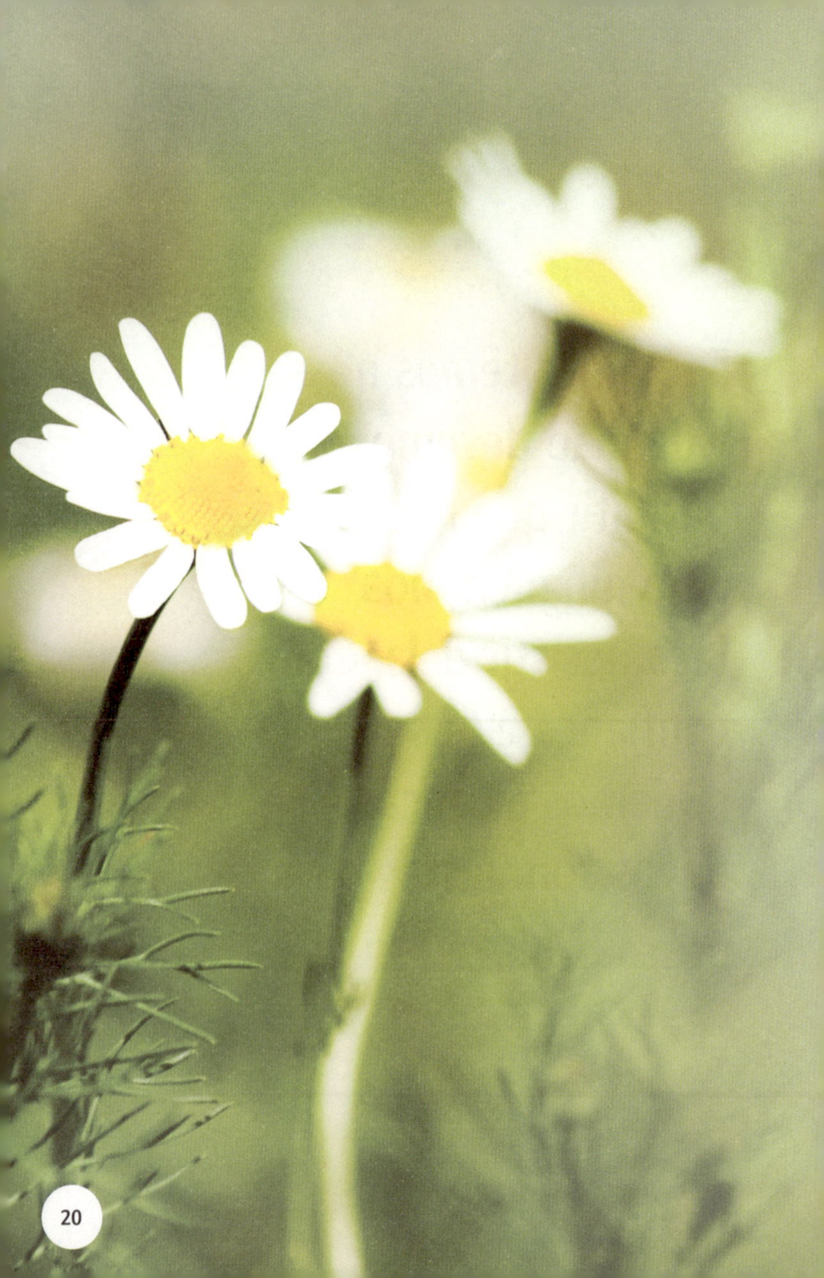

A vida não tem pressa nem anda devagar. Faz as coisas no momento certo. Por isso, use cada momento com a riqueza do seu conhecimento, pois em um segundo tudo pode se transformar.

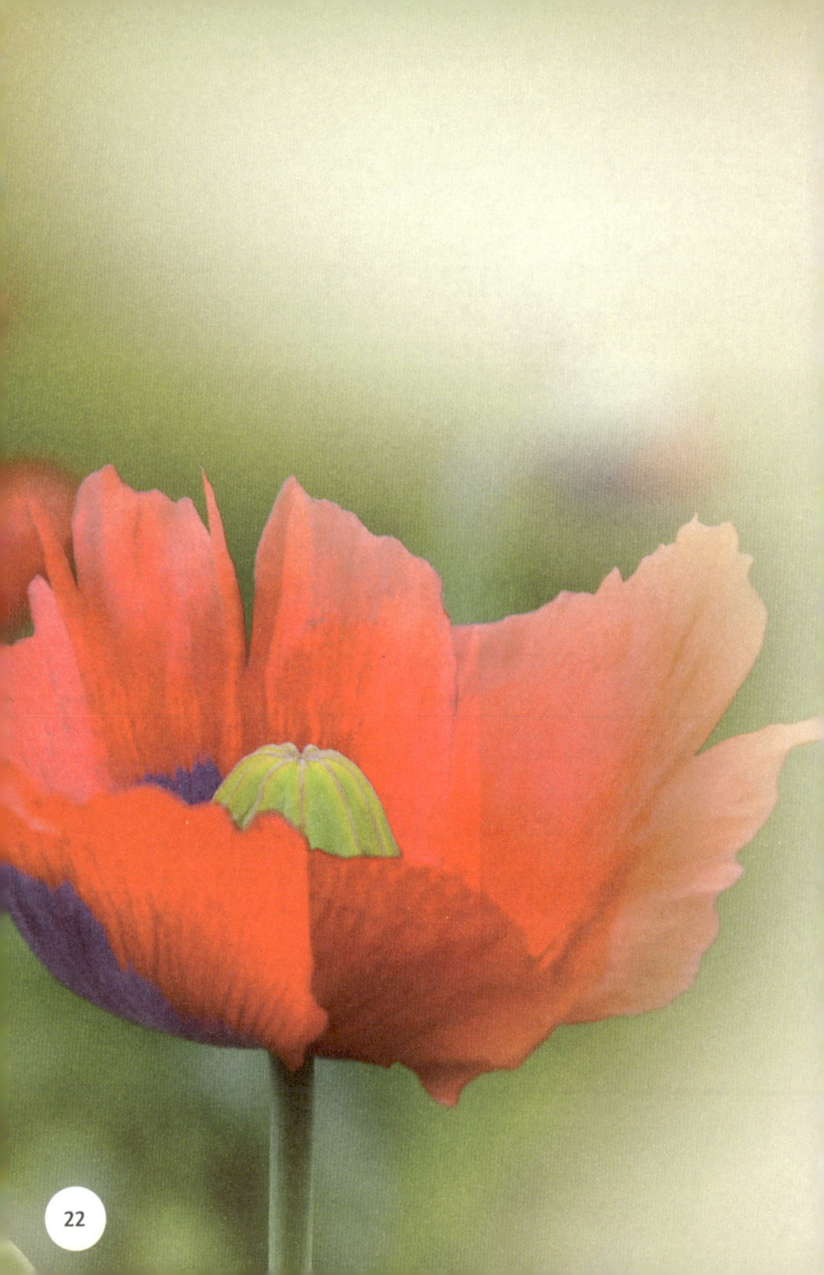

O amor sincero e verdadeiro é a maior arma contra o mal. Por isso, deixe-se contaminar por ele, espalhando-o em todas as suas atitudes.
O amor sempre liberta e conforta.

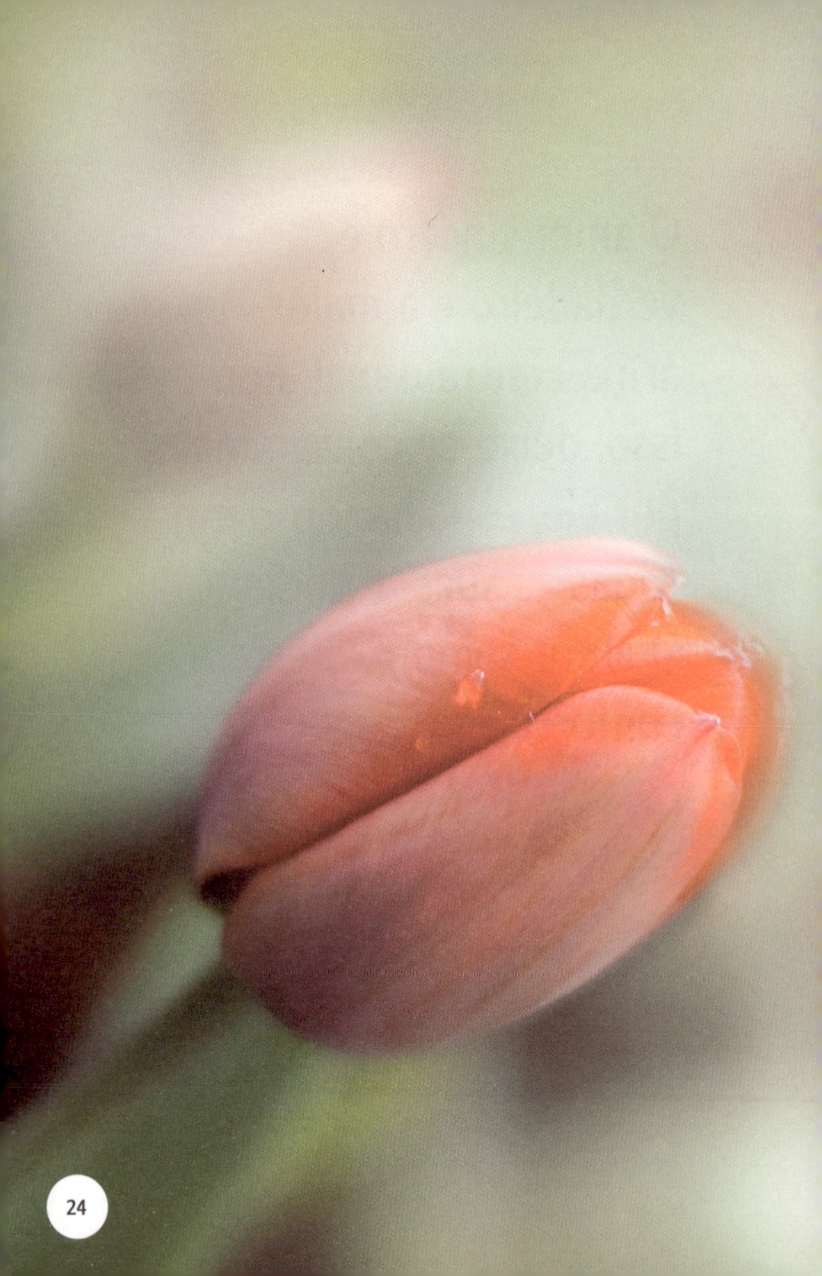

Temos o dever de ser gentis com todos, conhecendo-os ou não. A boa educação é o primeiro passo no caminho da elevação.

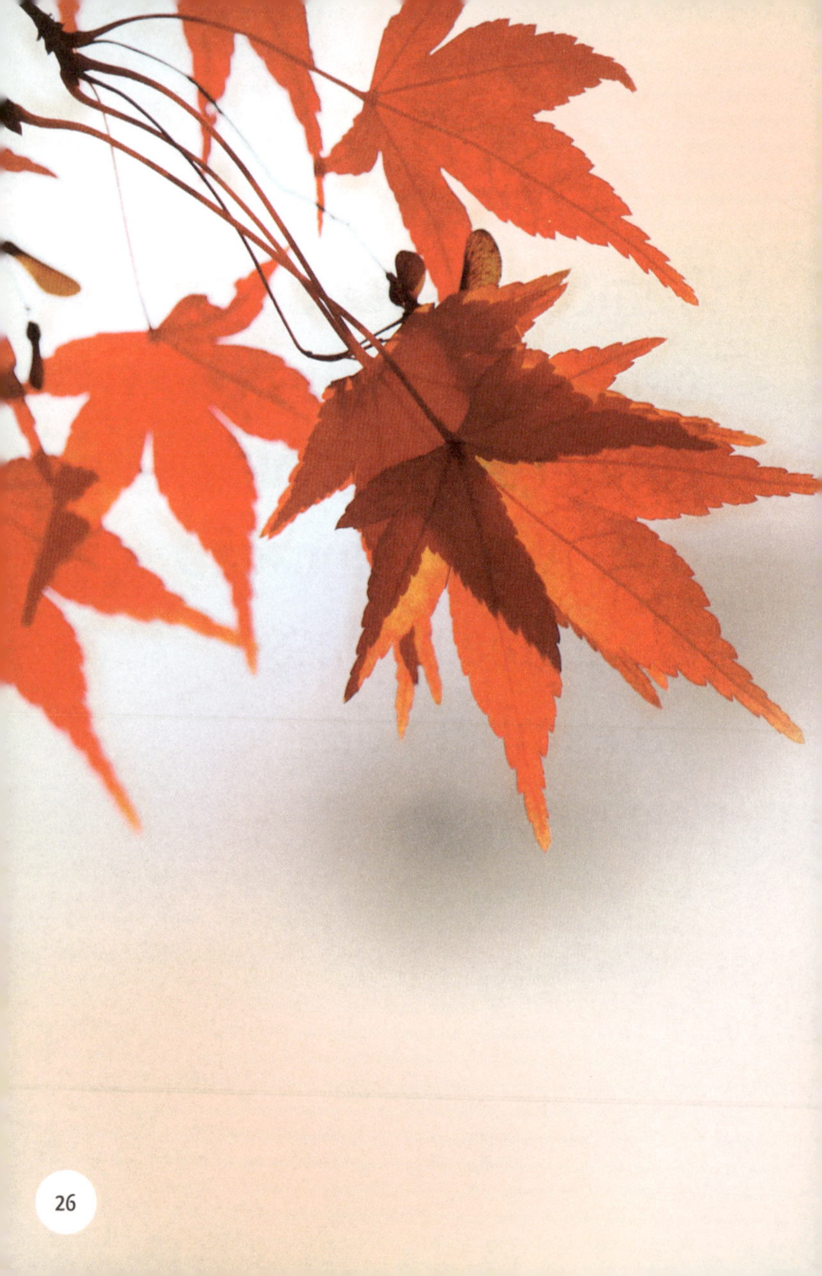

Arrependimento é bom, porque evita a reincidência na dor. Mas não se deixe torturar por ele. Aprenda com o que viveu para viver melhor em outra oportunidade. Busque a paz de espírito. Você merece a felicidade.

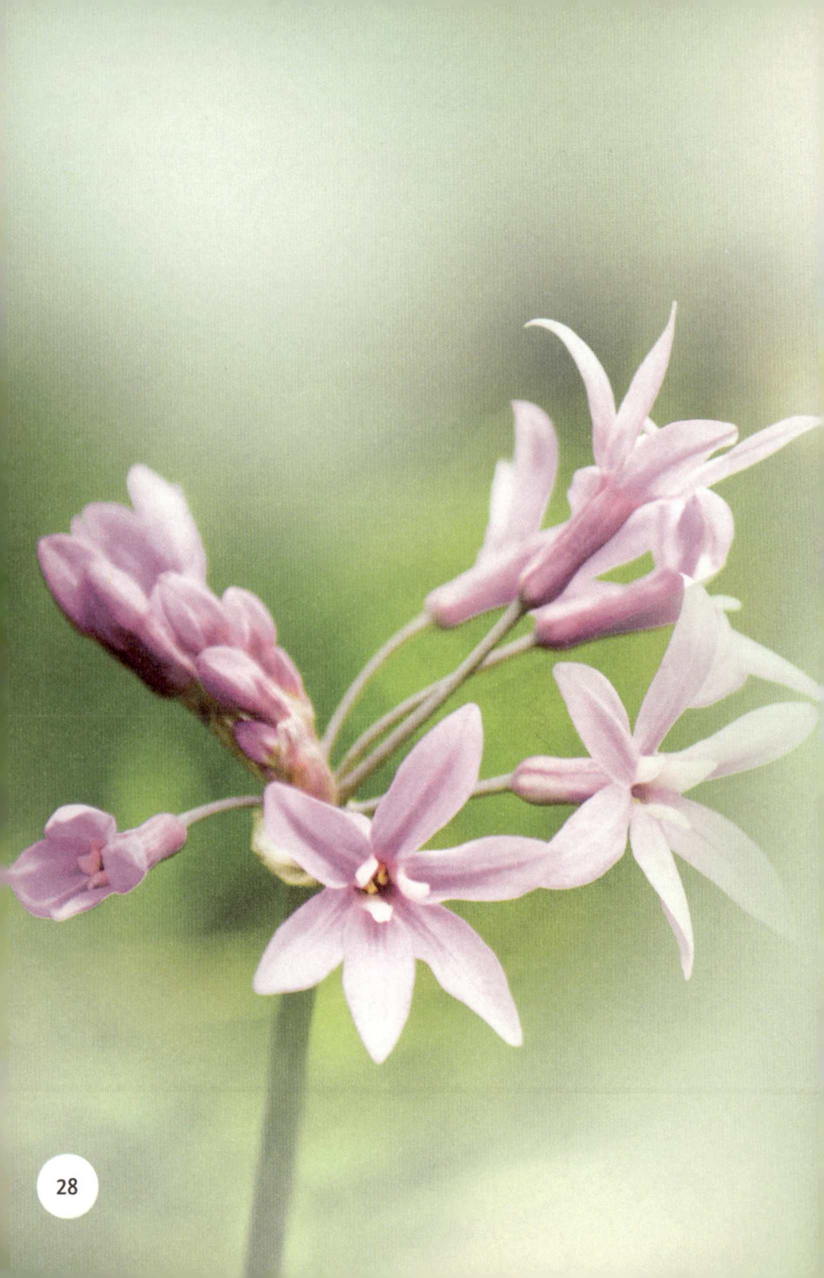

A vingança é um engano que só traz sofrimento. Ninguém pode ser feliz com a consciência presa na culpa e na dor.

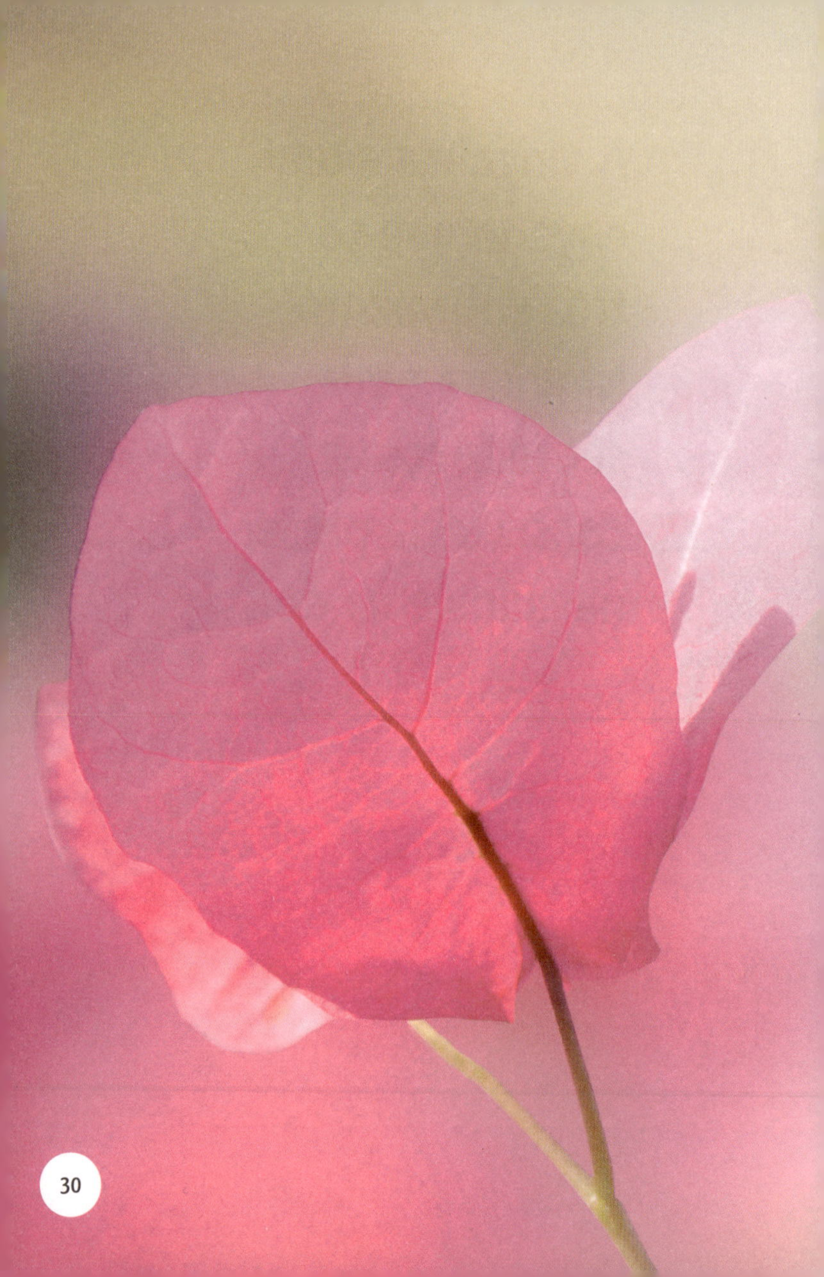

A paciência é uma virtude. Cultive-a. É necessário o exercício constante. Há inclusive quem afirme: "Paciência é a ciência da paz".

32

As coisas nem sempre são como queremos, mas como devem ser, de acordo com os desígnios de Deus. Por isso, é necessário confiar na vida. Apesar de nem sempre parecer, tudo tem uma razão para acontecer. Não desista nunca, procure cultivar a alegria, que tudo fica bem.

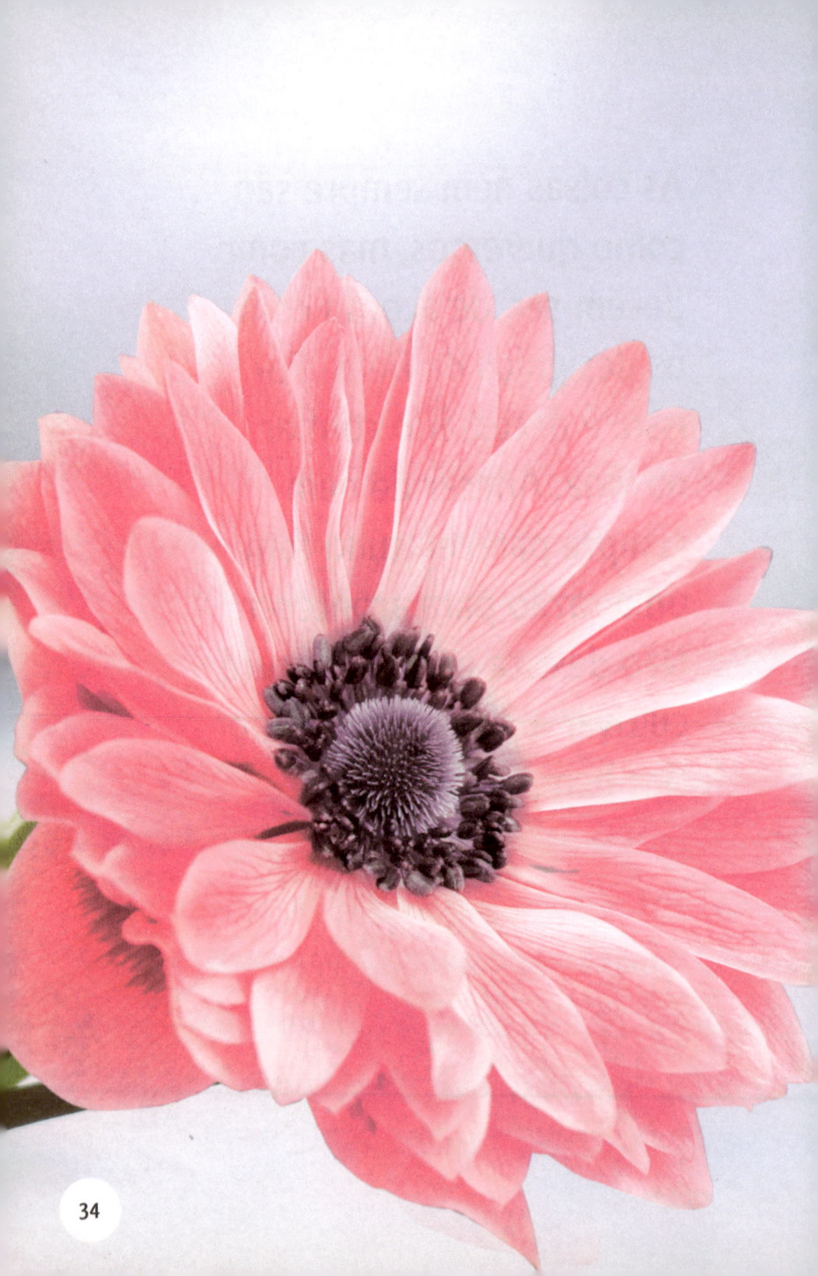

O destino, somos nós que fazemos, de acordo com aquilo que desejamos e em que acreditamos. Por isso, só você pode mudar o seu.

36

O erro serve para nos mostrar onde está a nossa imaturidade. Ele não é fatal, não traz punições nem deve ser entendido como justificativa para a dor. É apenas uma característica simples do homem, um sinalizador, que se revela através da culpa. Depois que a culpa nos mostra onde está o erro, ela não tem mais valia. Devemos então trabalhar pela nossa transformação, para fazer da amorosidade o leme de nossas vidas. Só assim o ser humano será feliz.

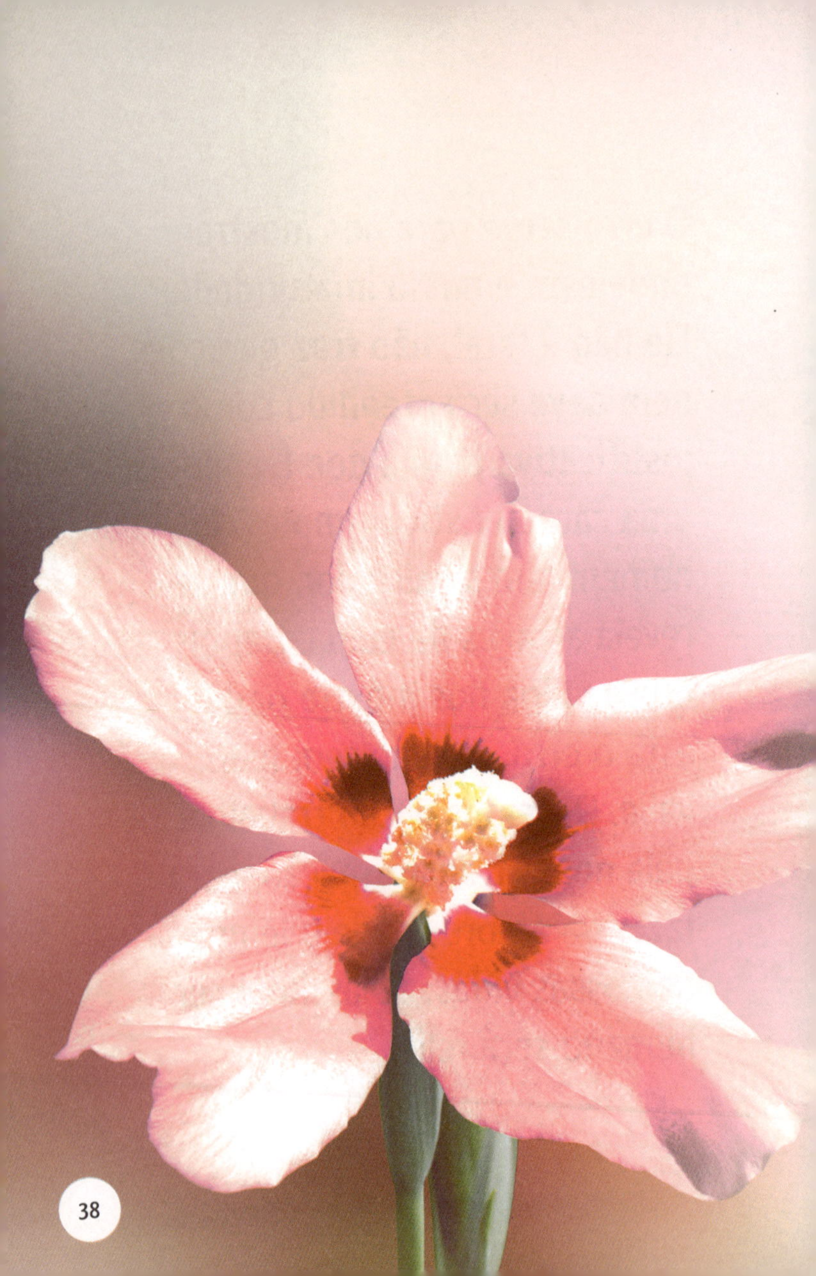

Pode haver paixão com amor, como amor sem paixão. Ela é o fogo que aquece, estimula, dá prazer. E muitas vezes se extingue. Isso não é uma coisa ruim, desde que tenhamos respeito, estejamos preparados e saibamos exatamente o valor de cada coisa.

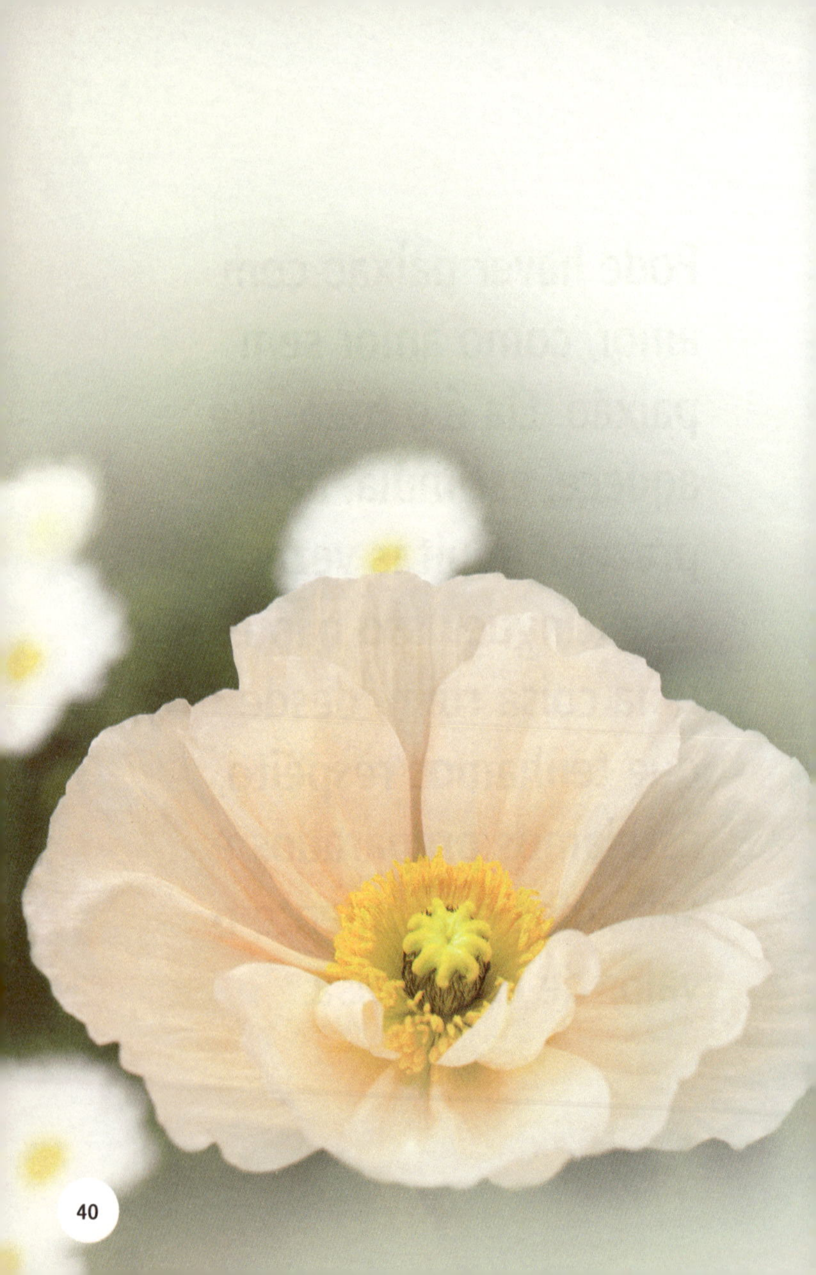

Nada acontece se não for para o nosso bem. Por mais difícil que seja a situação, há sempre um motivo que nos leva ao crescimento.

42

Se ficamos tristes ou felizes com a atitude do outro, é porque essa atitude encontrou eco dentro de nós, foi ao encontro de nossos próprios ressentimentos ou alegrias. O outro nada mais é do que um instrumento para que possamos experienciar nossos próprios sentimentos.

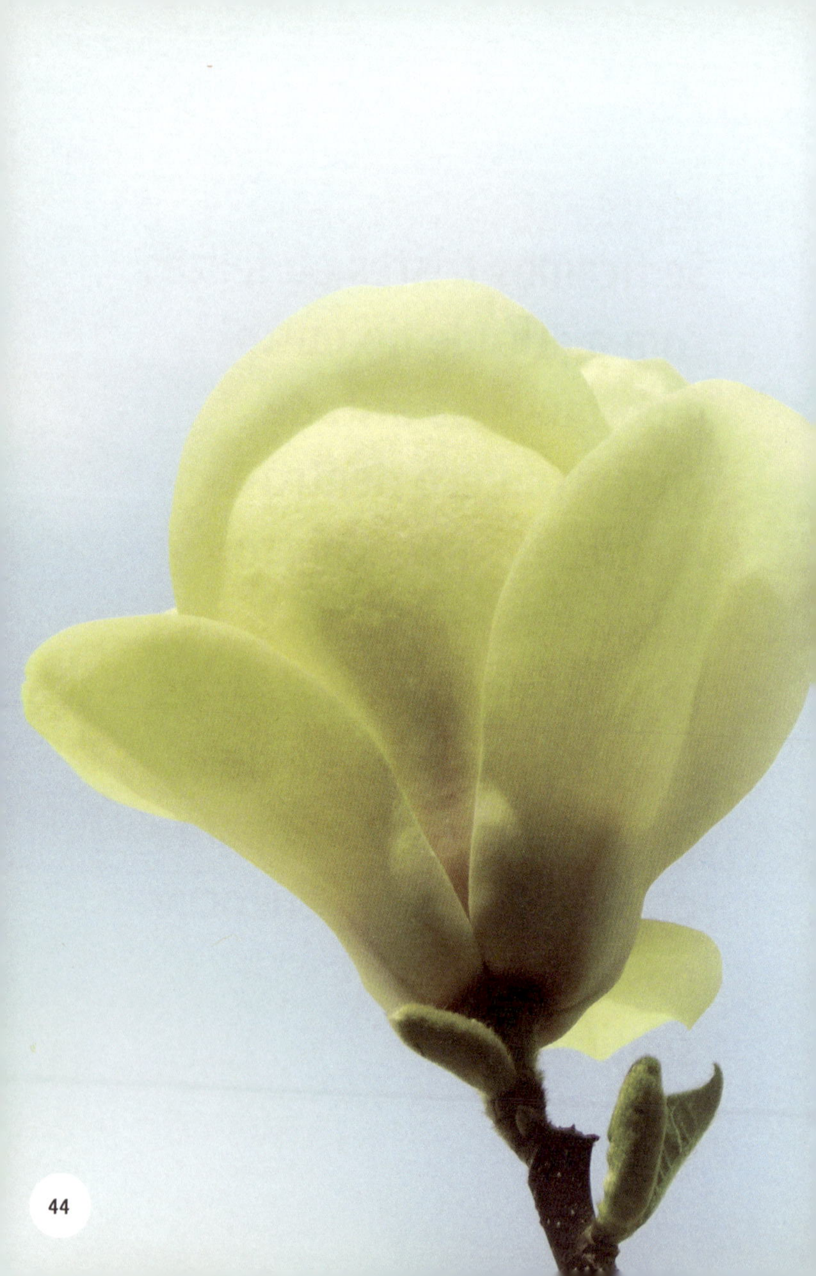

Aquele que julga é porque se considera superior, e nenhum de nós está acima dos outros ou de Deus. Só sabe a verdade quem pode se beneficiar com ela. Para todos nós, ela serve de lição. Para os outros, será um estímulo à prática da maledicência e do mal.

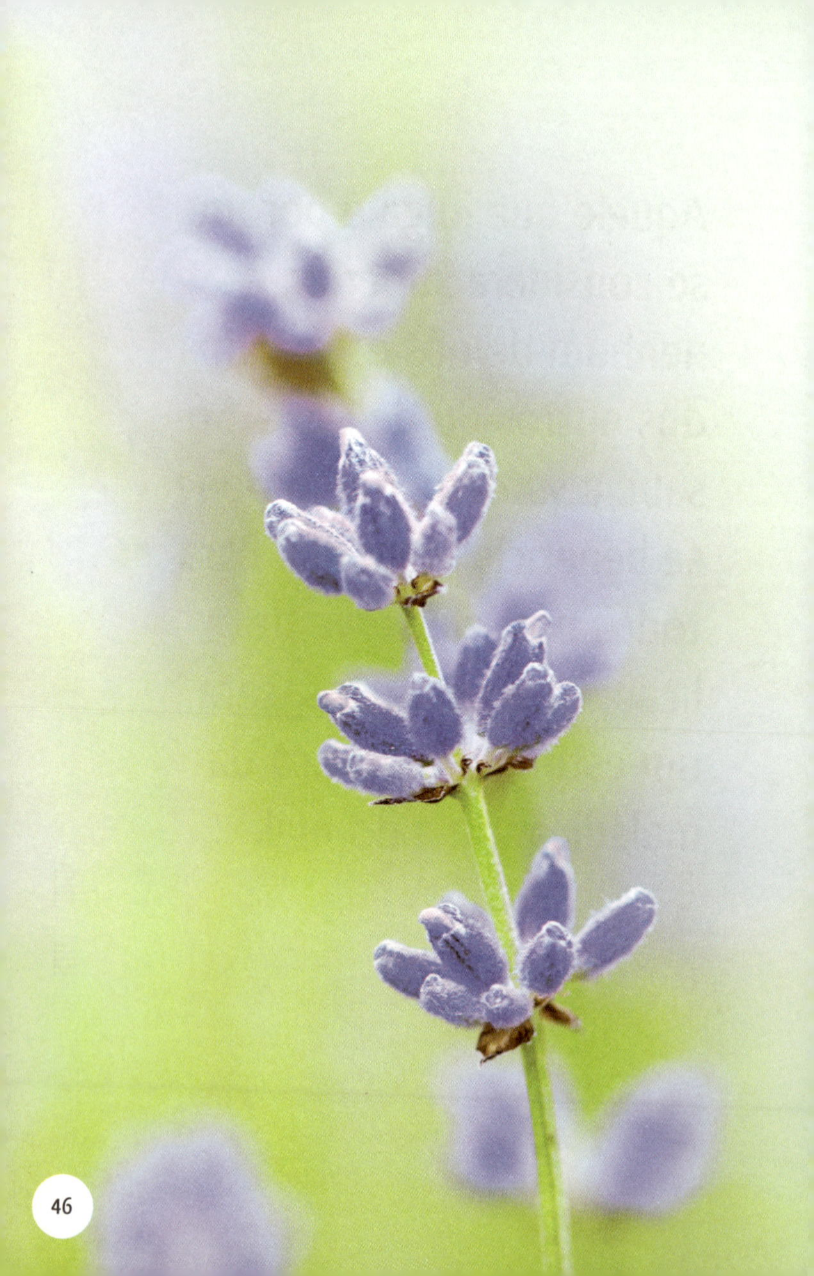

A vida é um eterno encontro e reencontro, onde aprendemos uns com os outros que o amor é a única fonte de felicidade, nessa existência ou em qualquer outra.

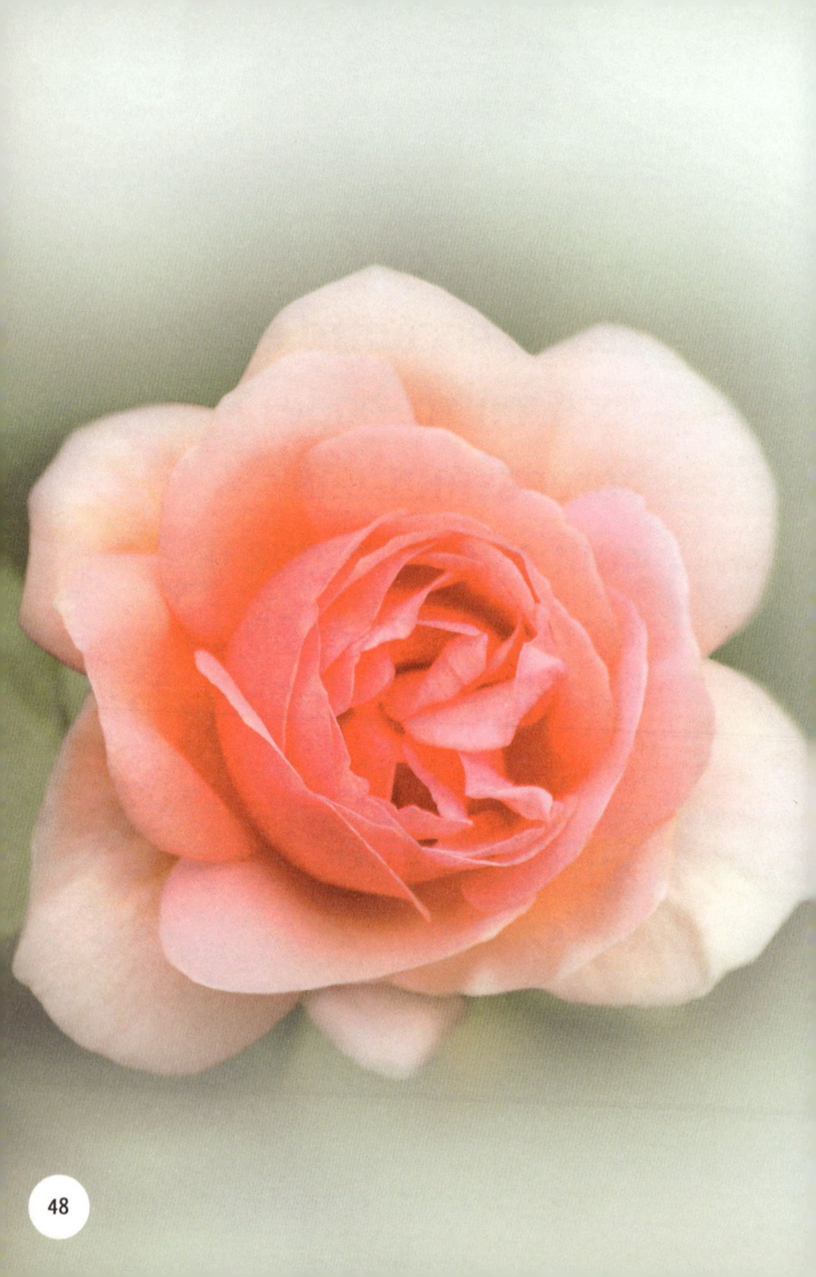

Deus existe e nos ama a todos. Ele está em toda parte, zelando por nosso bem-estar. Por isso, confie. Confie em sua capacidade, em sua coragem, em sua determinação. Sinta-se merecedor da felicidade, não tenha medo de desejar ser feliz.

50

Se há vida, e essa vida habita este mundo, há possibilidades. E se quem procura acredita e merece, encontra o que está buscando.

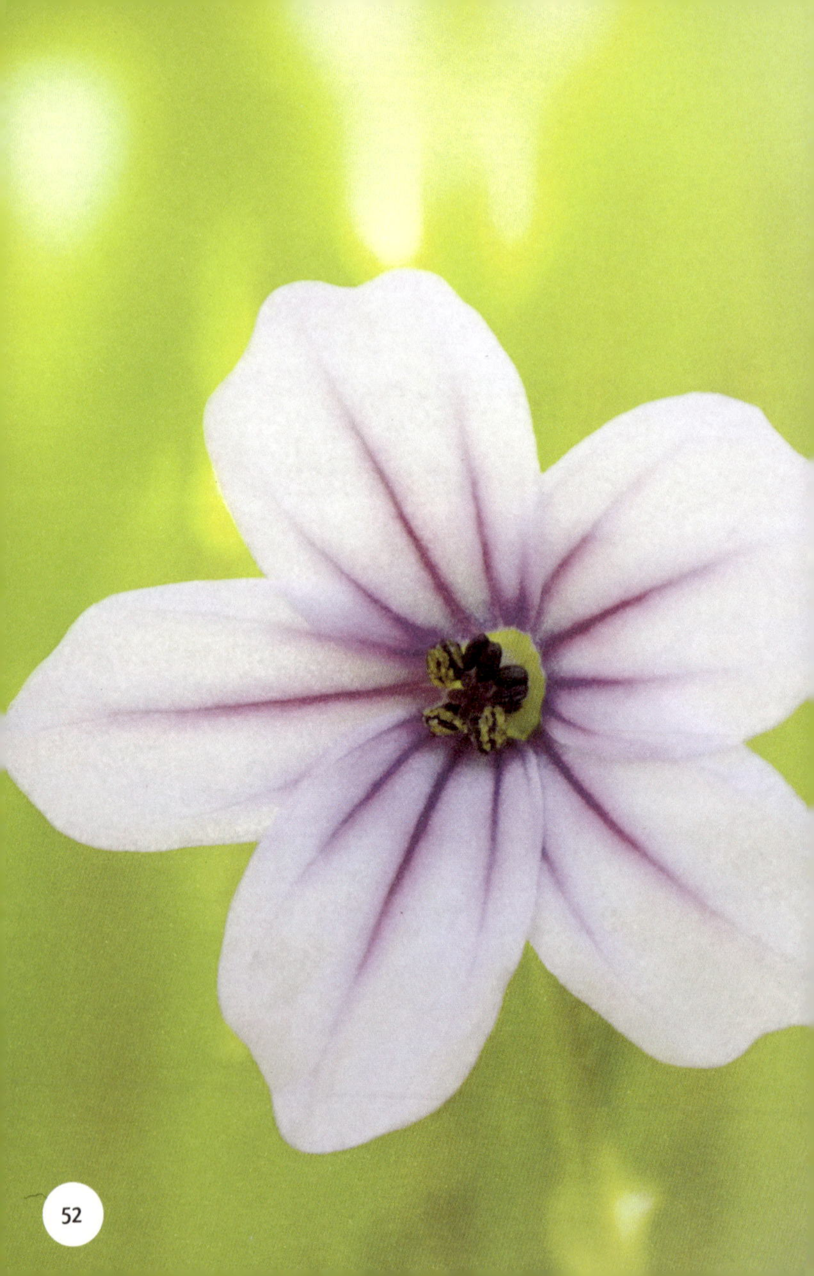

Natural é fazer tudo aquilo que o coração manda, porque o coração jamais engana ninguém.

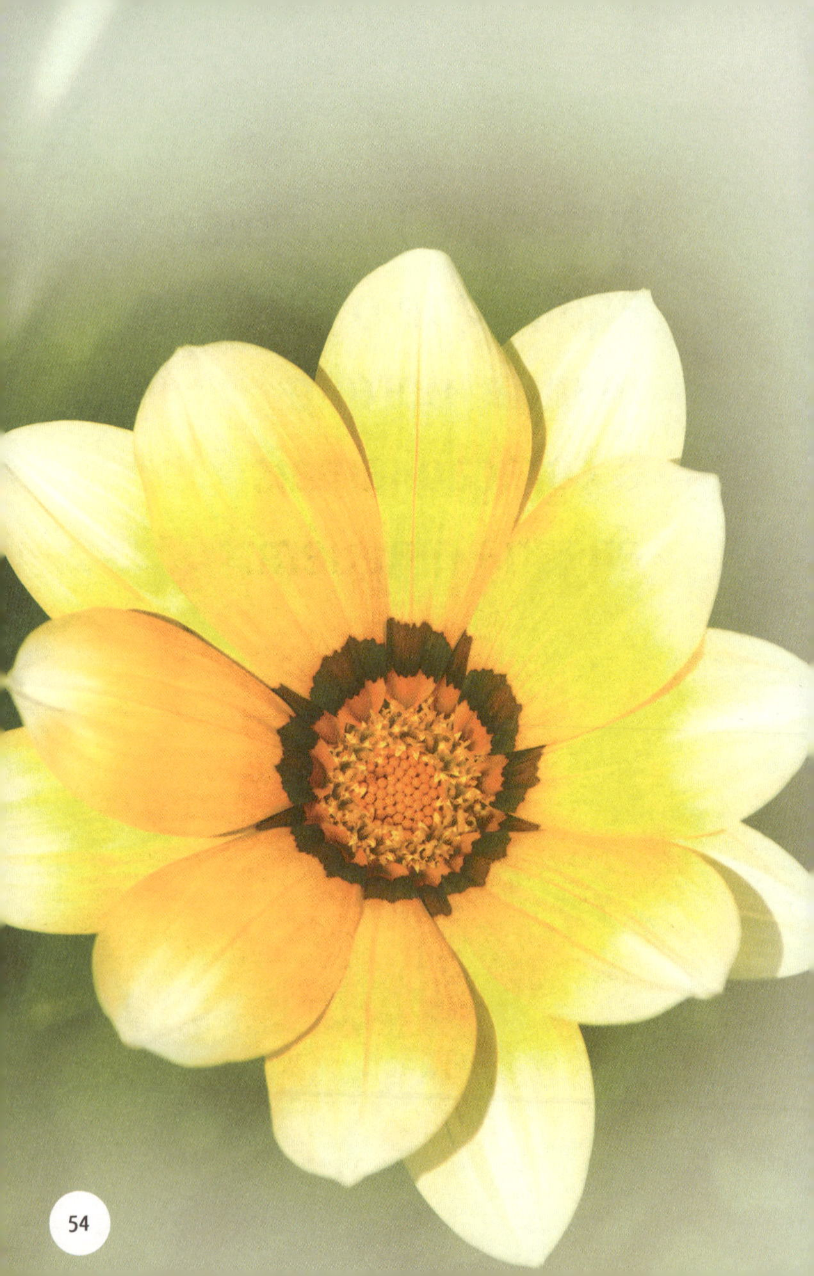

Só aqueles que
conhecem a real
acepção do amor
são capazes de
compreender
e aceitar o ser
amado como ele é.

56

Modifique suas atitudes, e sua vida também vai mudar. O autoperdão e a disciplina interior conduzem à transformação, que, por sua vez, leva à felicidade.

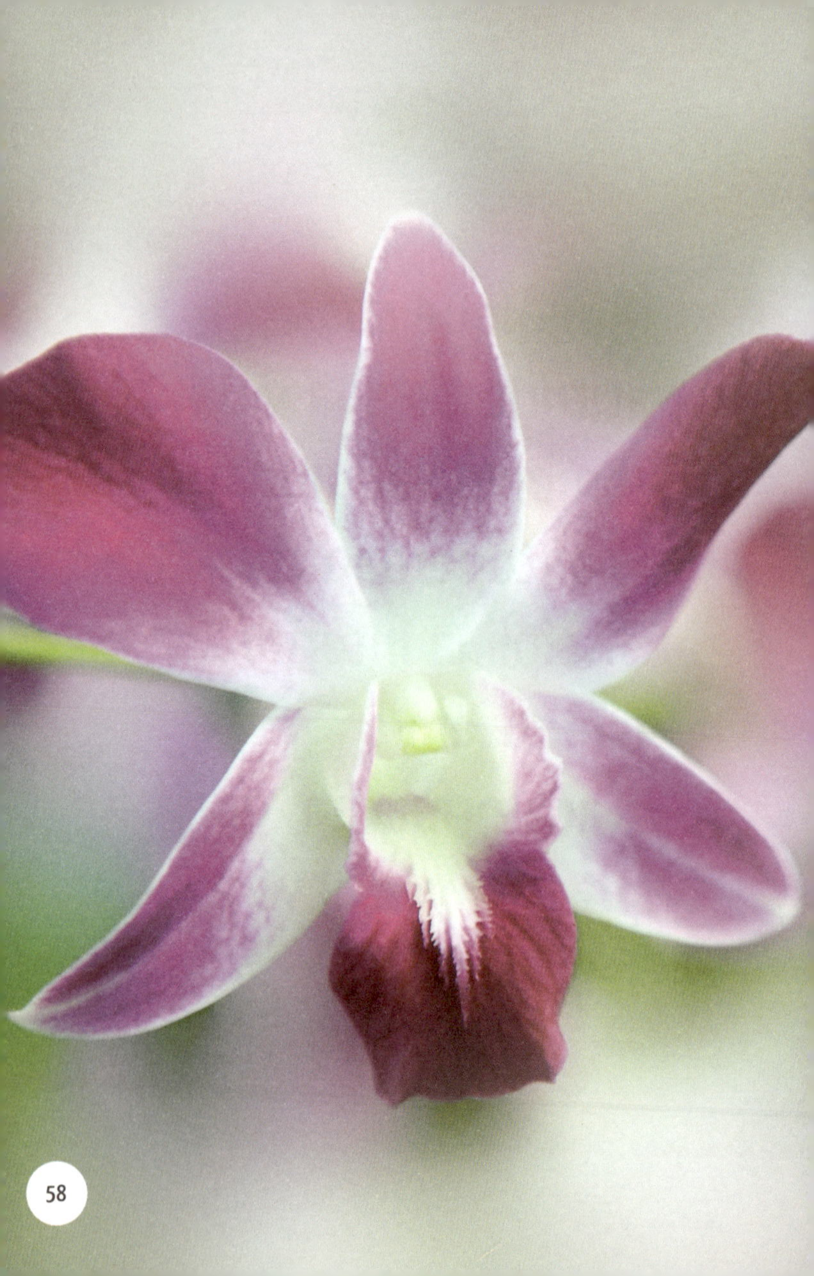

Todo mundo tem uma centelha boa dentro de si. Só precisa de um incentivo para deixá-la brilhar. Por isso, é preciso deixar de julgar e passar a procurar no outro aquilo que de melhor ele pode oferecer. Você pode se surpreender!

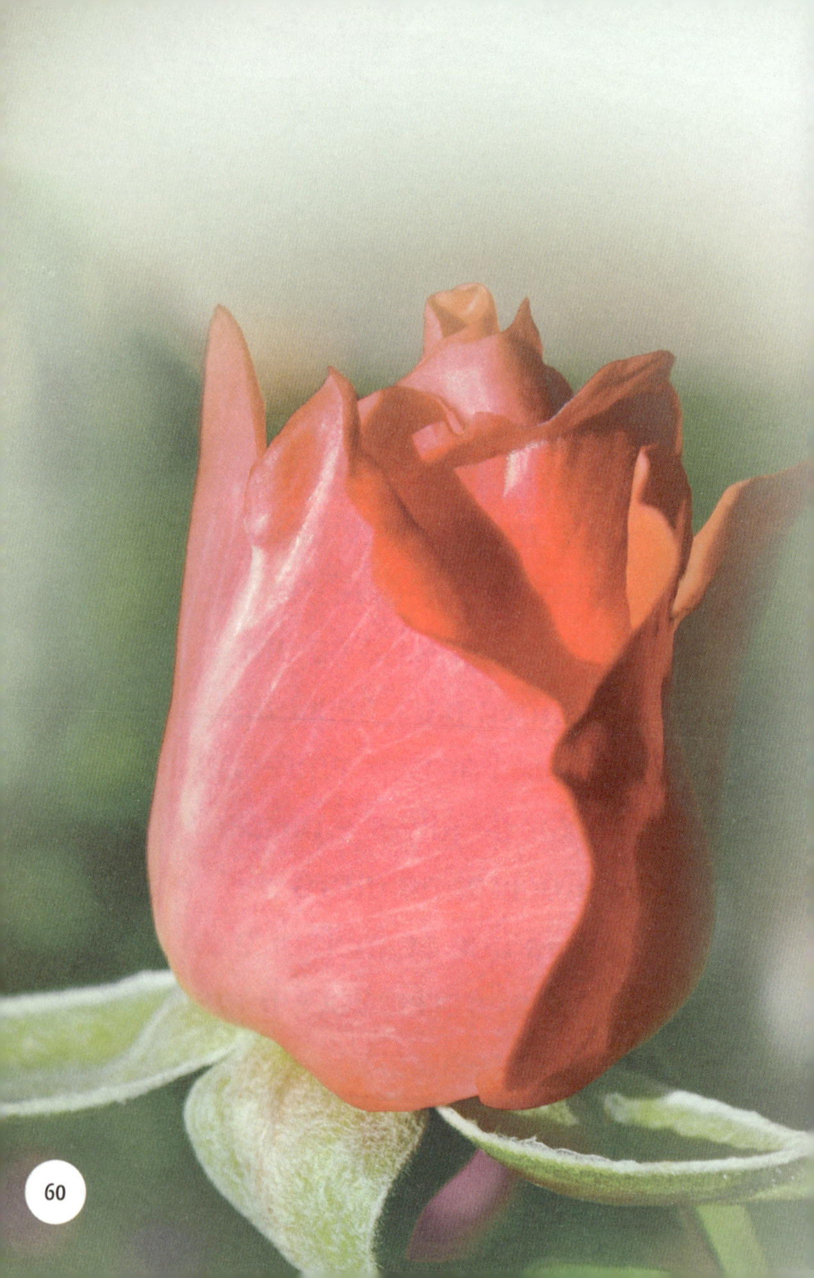

Temos de compreender que a vontade que se faz é sempre a de Deus, o único que está em condições de avaliar o que é melhor para nós. Confiar na justiça divina é o caminho para a serenidade.

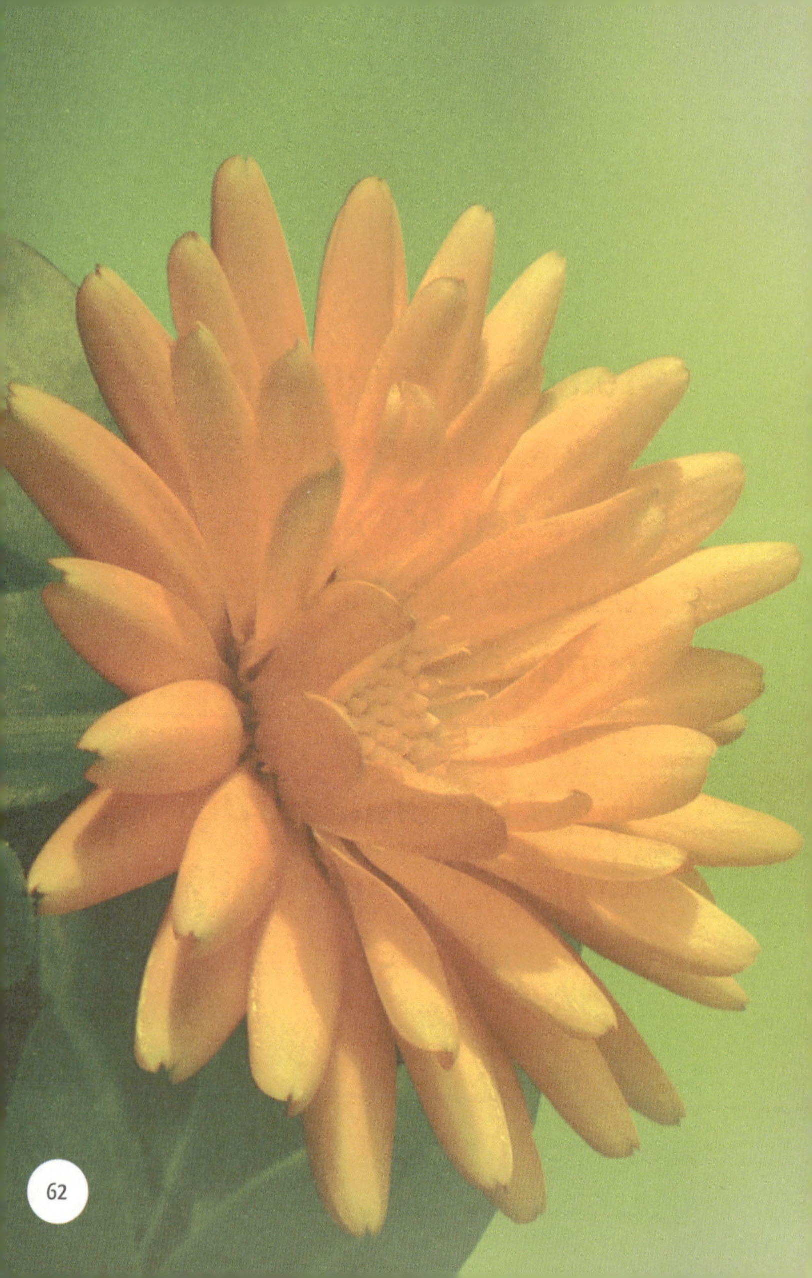

A oração é poderosa arma contra os inimigos. Ore com fé, porque ela pode trazer grandes transformações a sua vida. Aproveite, sempre é hora para conversar com Deus.

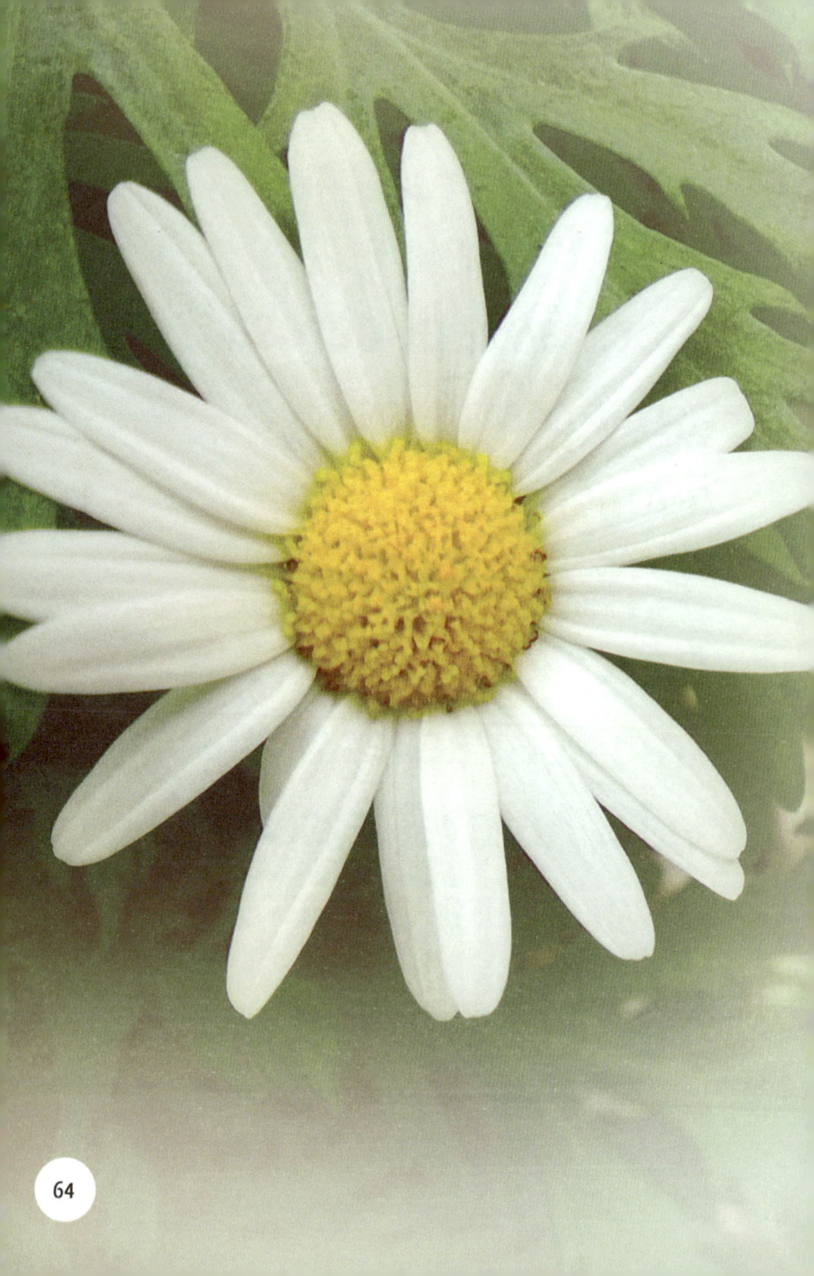

Tudo o que nos acontece é necessário, e não há cedo ou tarde para as experiências do espírito. Sempre é tempo de se renovar.

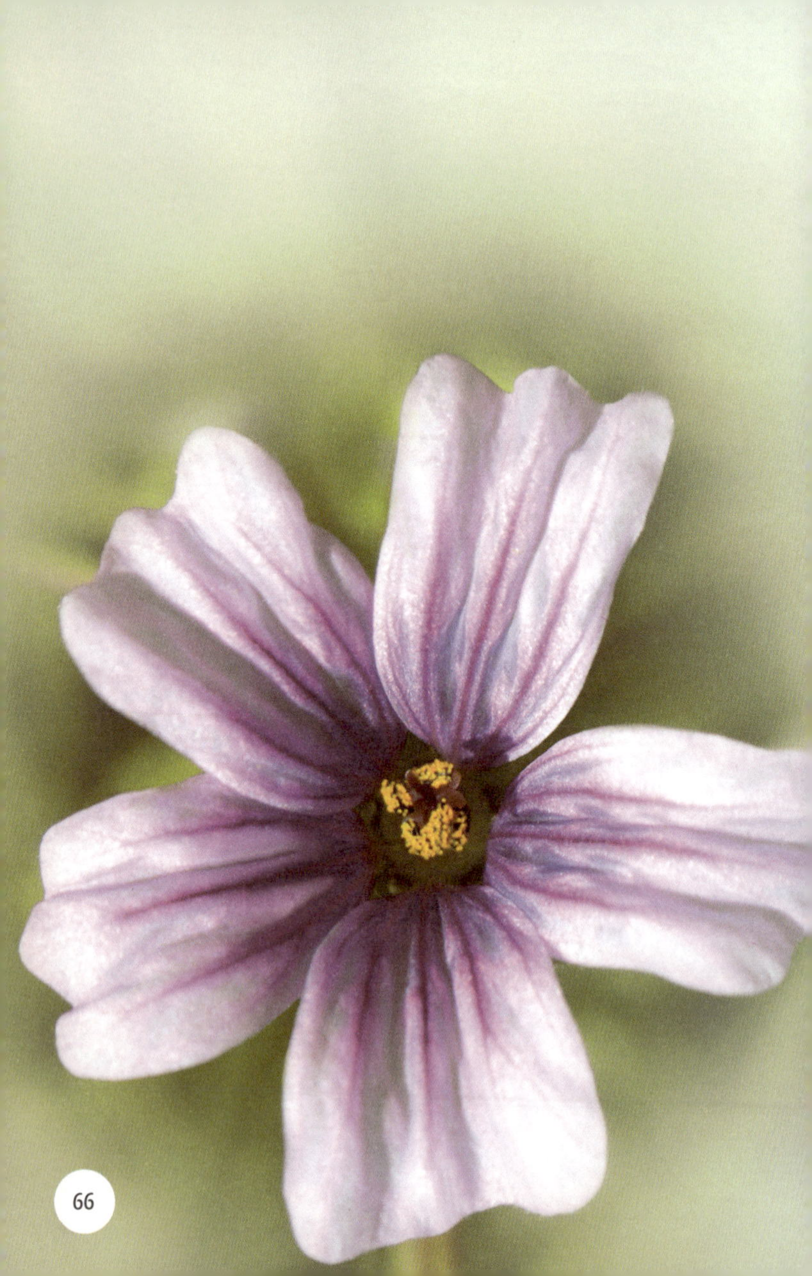

Não é errado querer ser feliz. O erro é aceitar a tristeza e não reconhecer a capacidade de transformá-la. Depende de nós escolhermos conviver com determinados sentimentos e emoções. Quando eles surgem, podemos alimentá-los ou não, a escolha é sempre nossa.

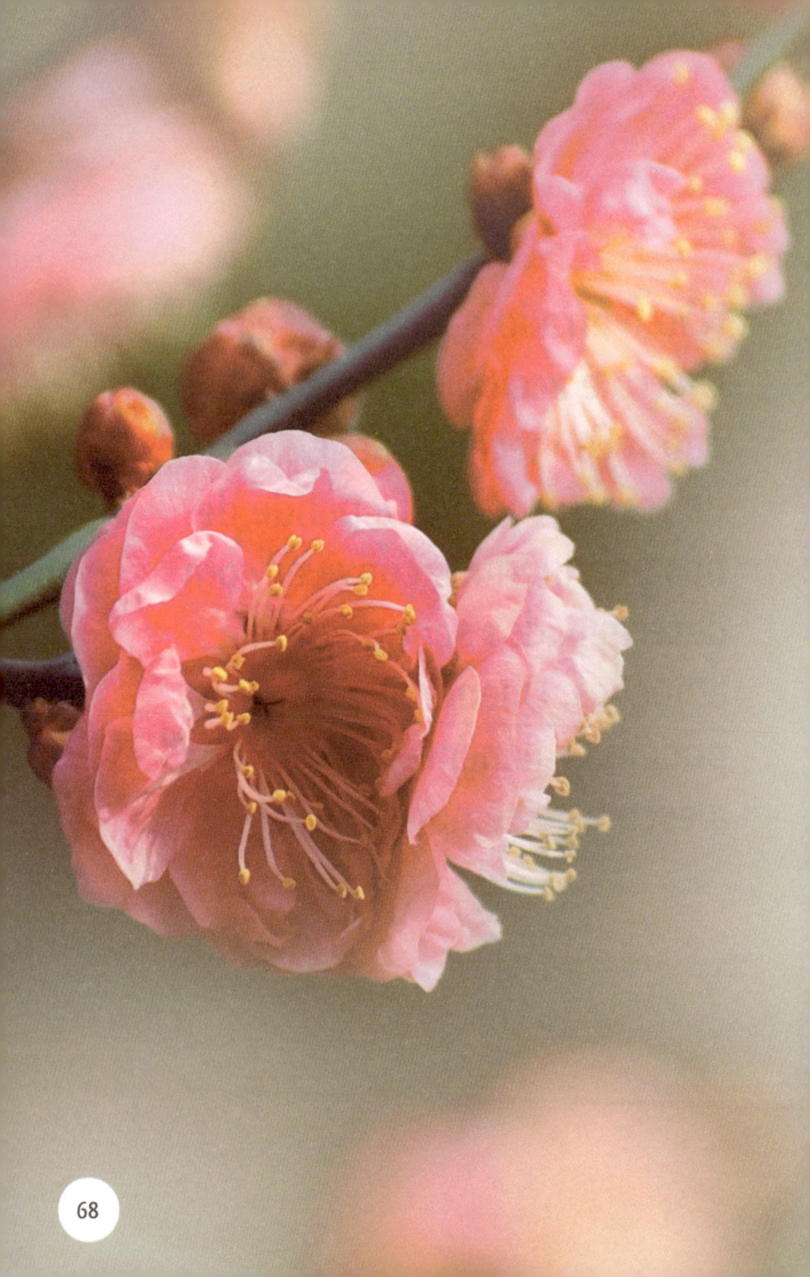

A vida não cria armadilhas. E todos os testes só são aplicados depois de aprendida a lição. Isso significa que você é suficientemente maduro para agir com sabedoria em cada situação que a vida lhe apresentar. Confie e faça o seu melhor.

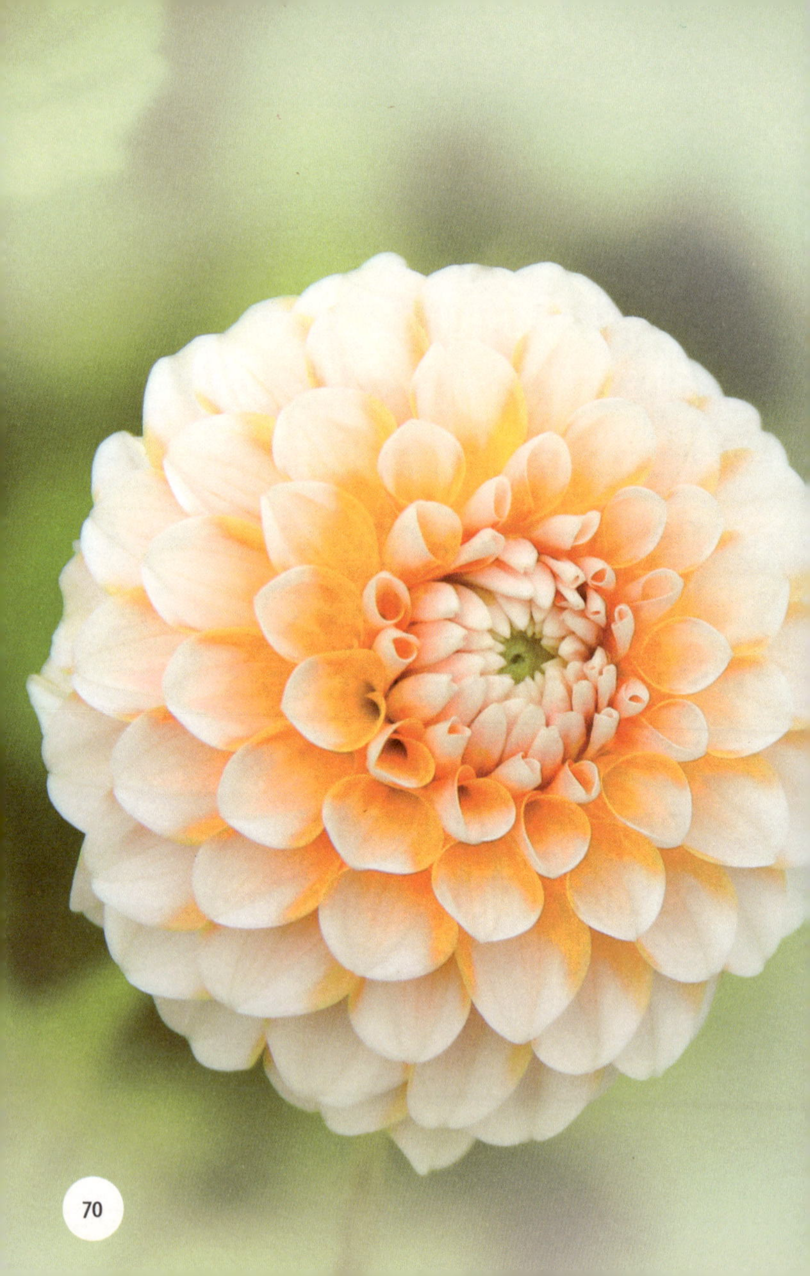

Se você sente raiva, sinta raiva. Se está frustrado, assuma a frustração. Se tem medo, reconheça o medo.
O primeiro passo para lidar bem com as emoções é o reconhecimento; em seguida, a aceitação; por último, a transformação, caso a emoção nos incomode.

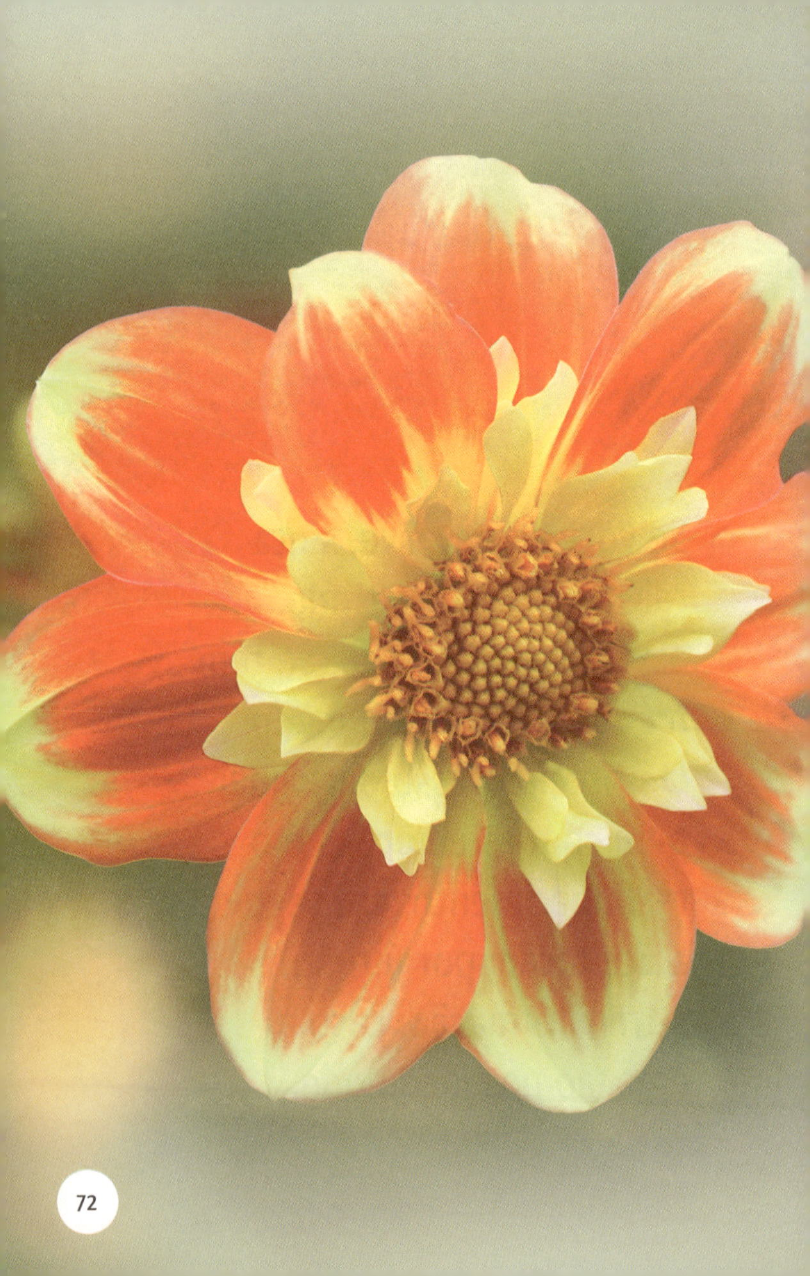

Não encare a justiça como instrumento de vingança nem como uma forma lícita de devolver uma agressão. A justiça está no equilíbrio de todas as coisas. Se você causa um abalo nas leis da natureza, tem que harmonizá-las. Tudo o que nos acontece é para compensar o desequilíbrio pelo qual fomos responsáveis.

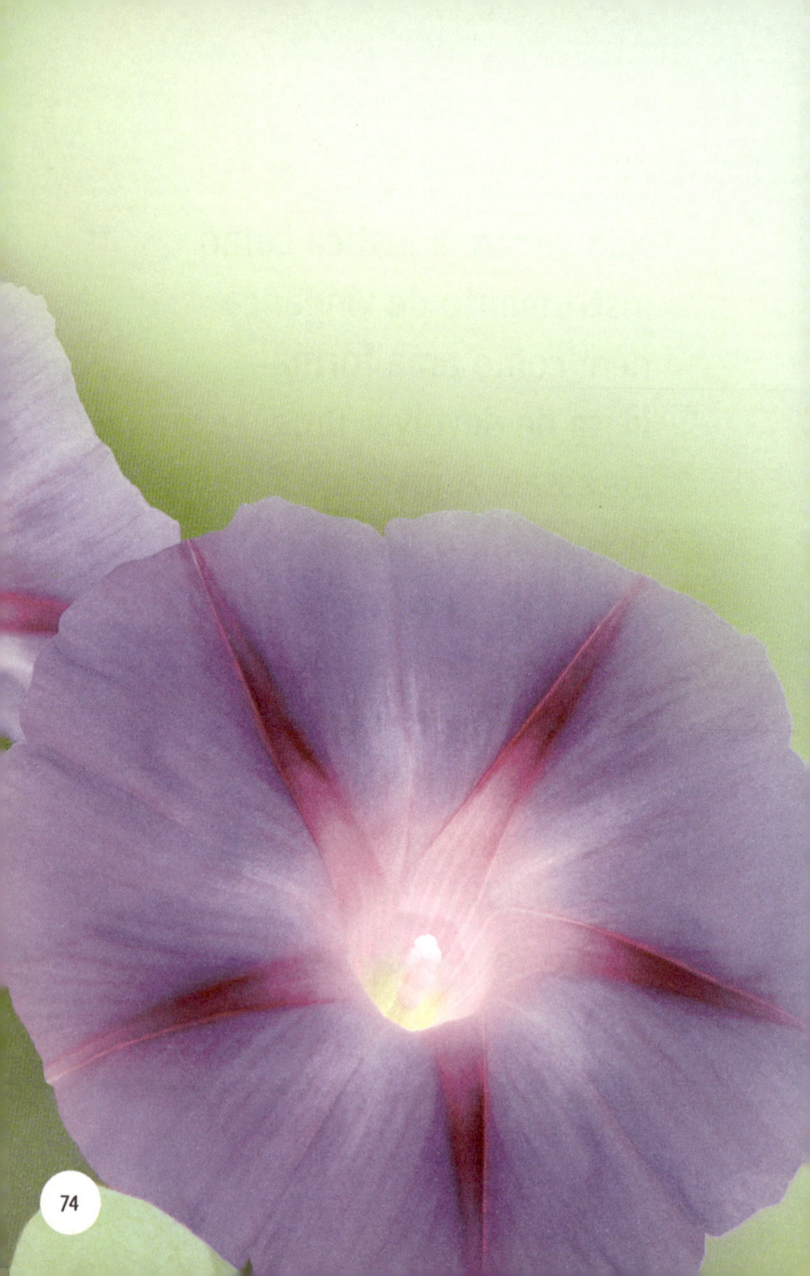

Na verdade, nada se desperdiça na vida, e tudo por que passamos é um conjunto de experiências. É através delas que vamos lapidando nossa essência para, um dia, alcançarmos a unidade com o divino.

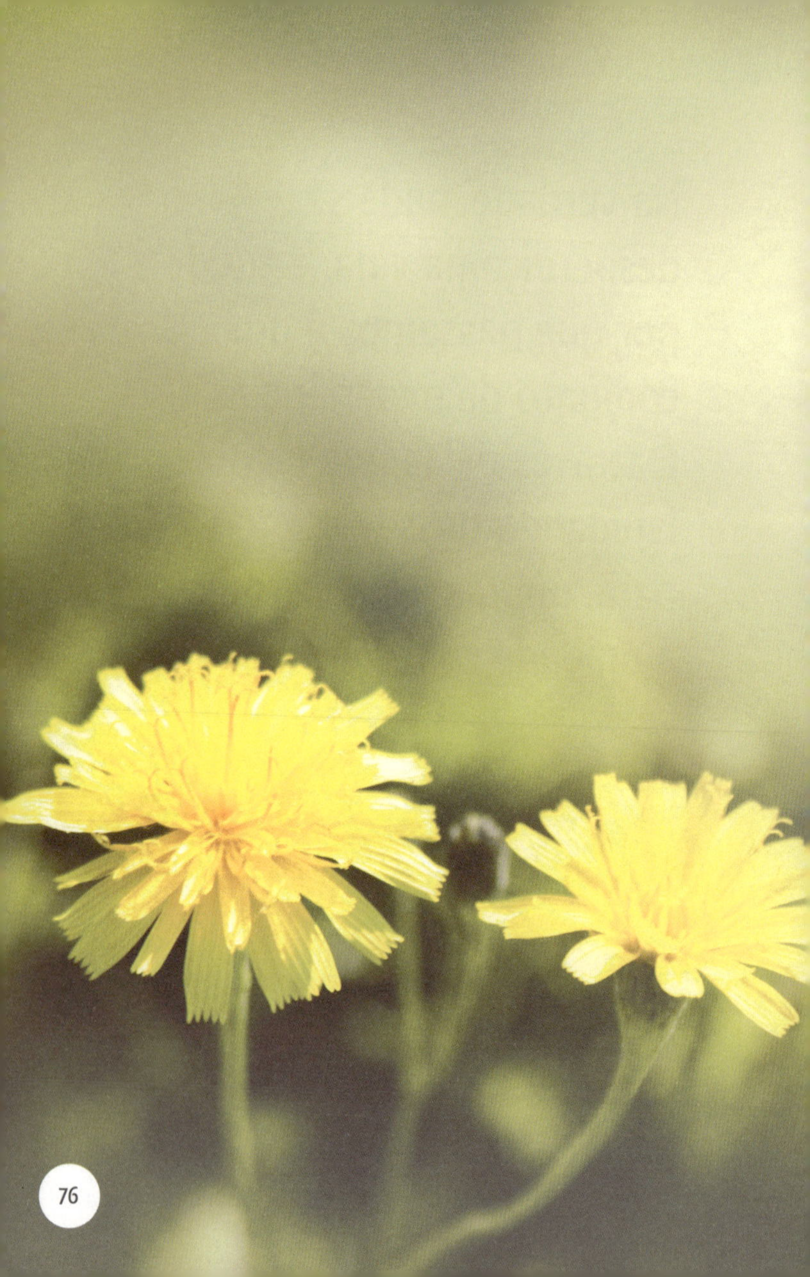

O amor liberta, jamais aprisiona. Se você tenta aprisionar o ser amado, na verdade enclausura a si mesmo. Prende-se ao medo de perder, à insegurança, ao desespero.

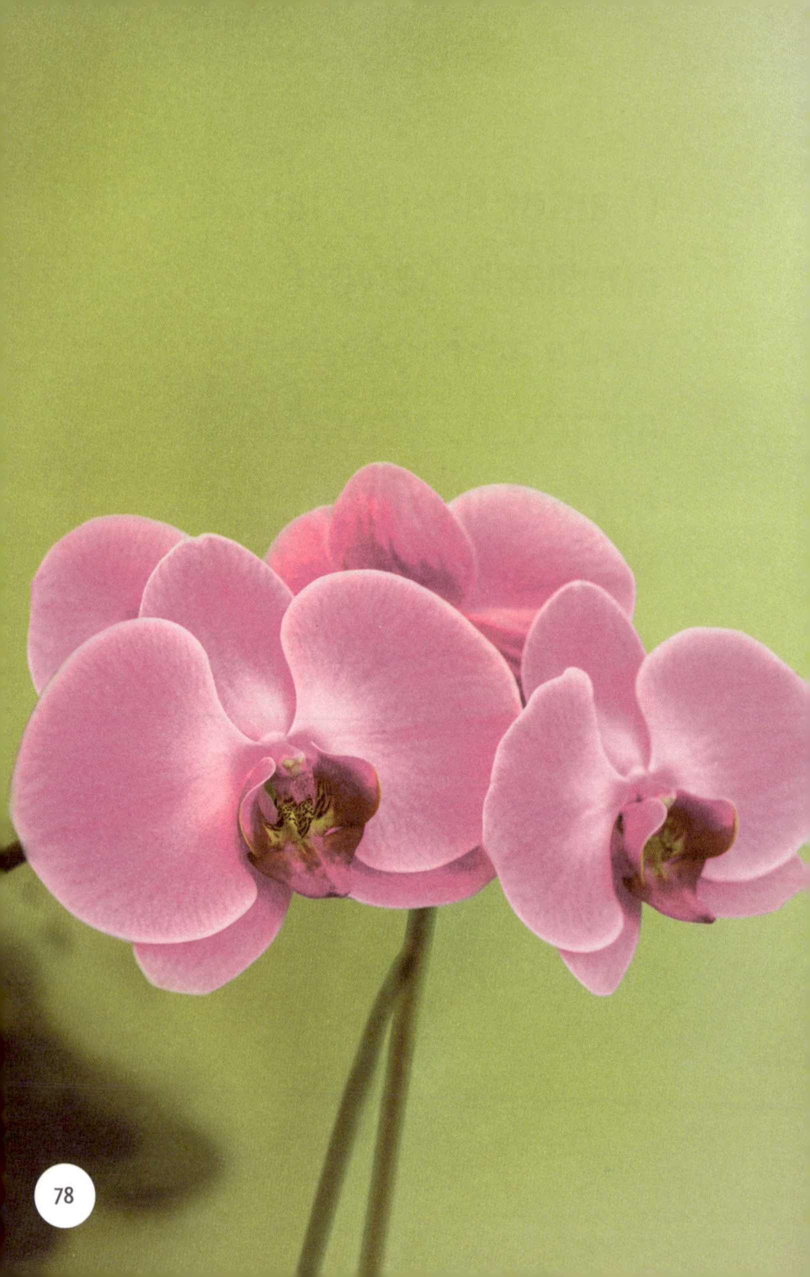

O amor não
escolhe laços
nem parentesco.
Simplesmente
acontece.

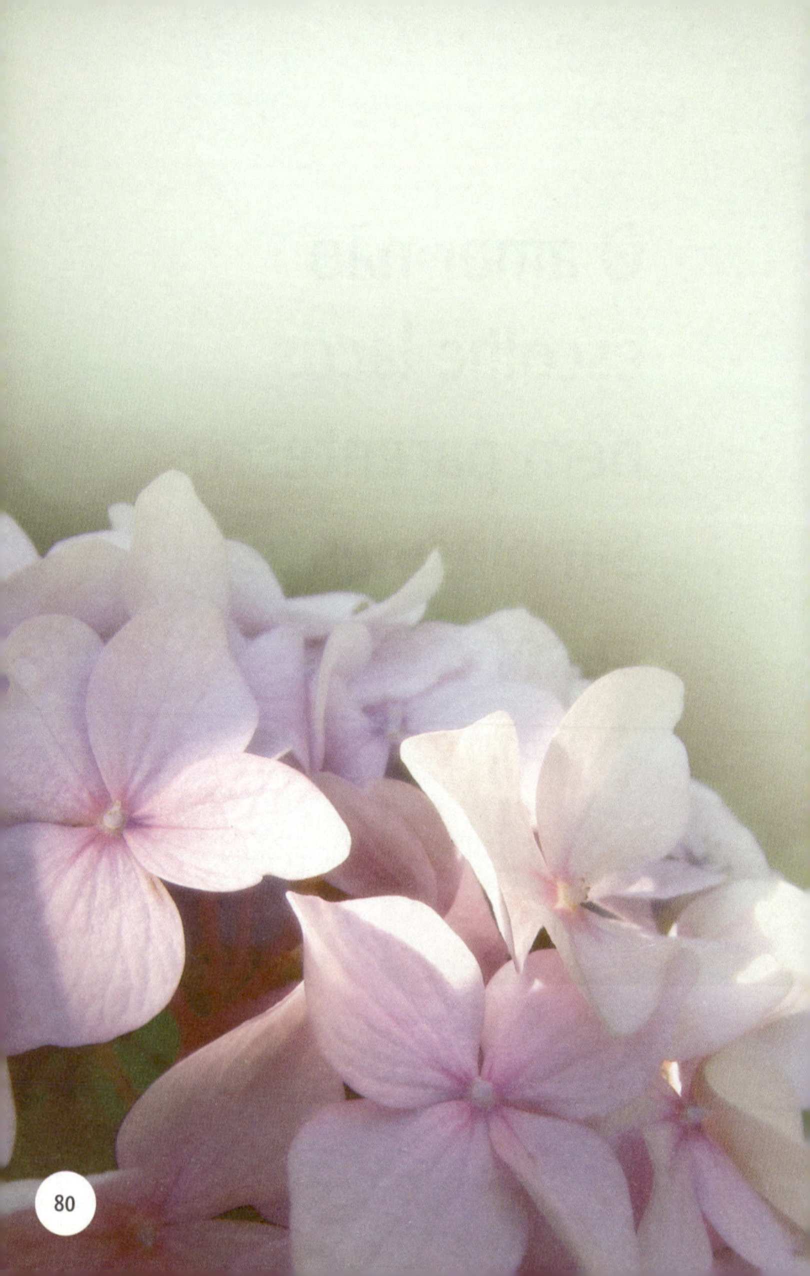

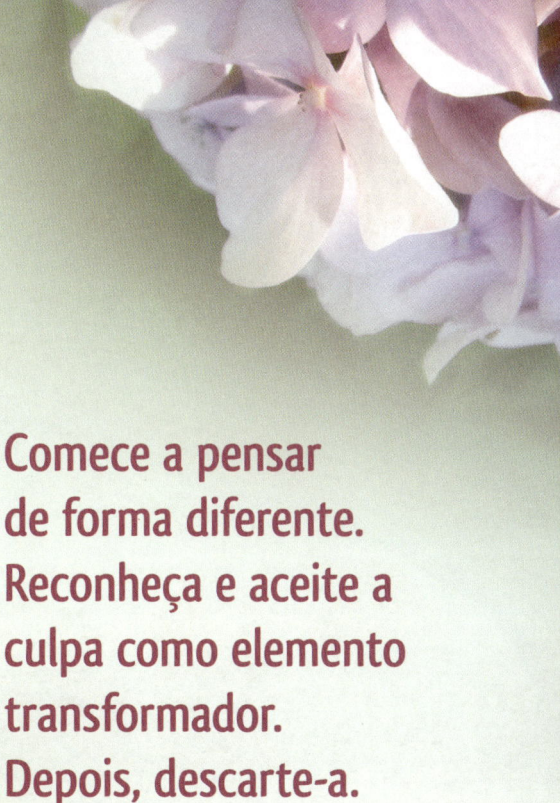

Comece a pensar
de forma diferente.
Reconheça e aceite a
culpa como elemento
transformador.
Depois, descarte-a.
Você não precisa dela
para manter viva a
sua essência.

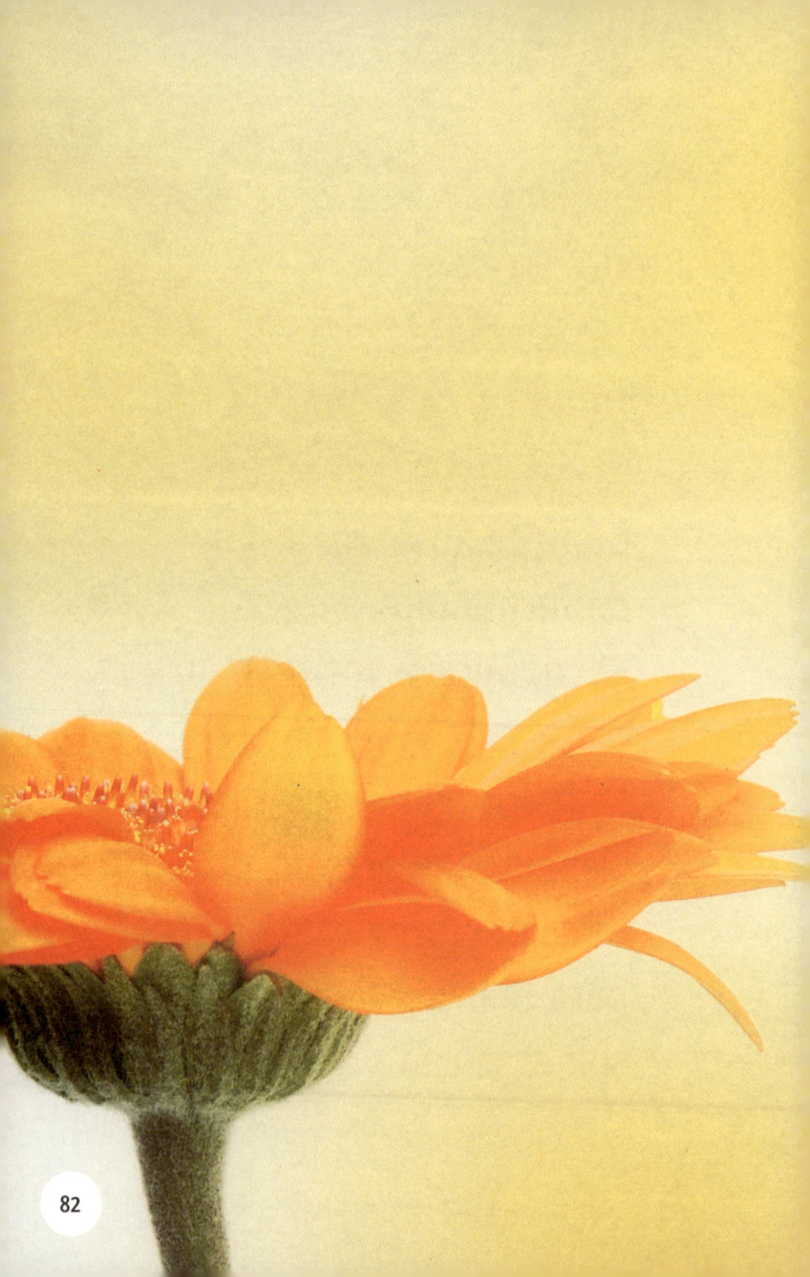

Na vida não se perde nada; trocam-se experiências. Quando alguma coisa se vai, é porque não precisamos mais dela, e outra coisa melhor irá aparecer. A vida é cheia de surpresas a cada instante.

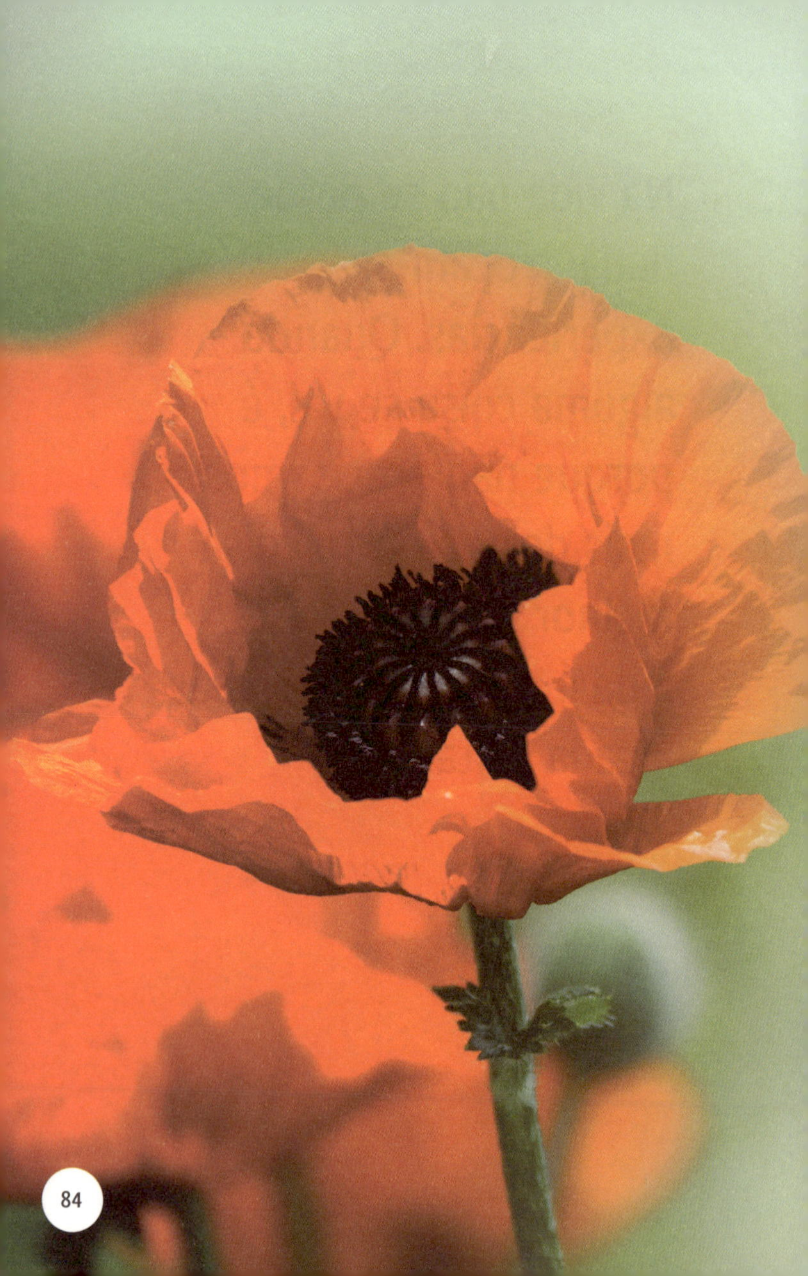

O amor transcende qualquer obstáculo, e mesmo o mal, por mais difícil que seja, enfraquece ante o seu inigualável poder. Ame sempre, haja o que houver.

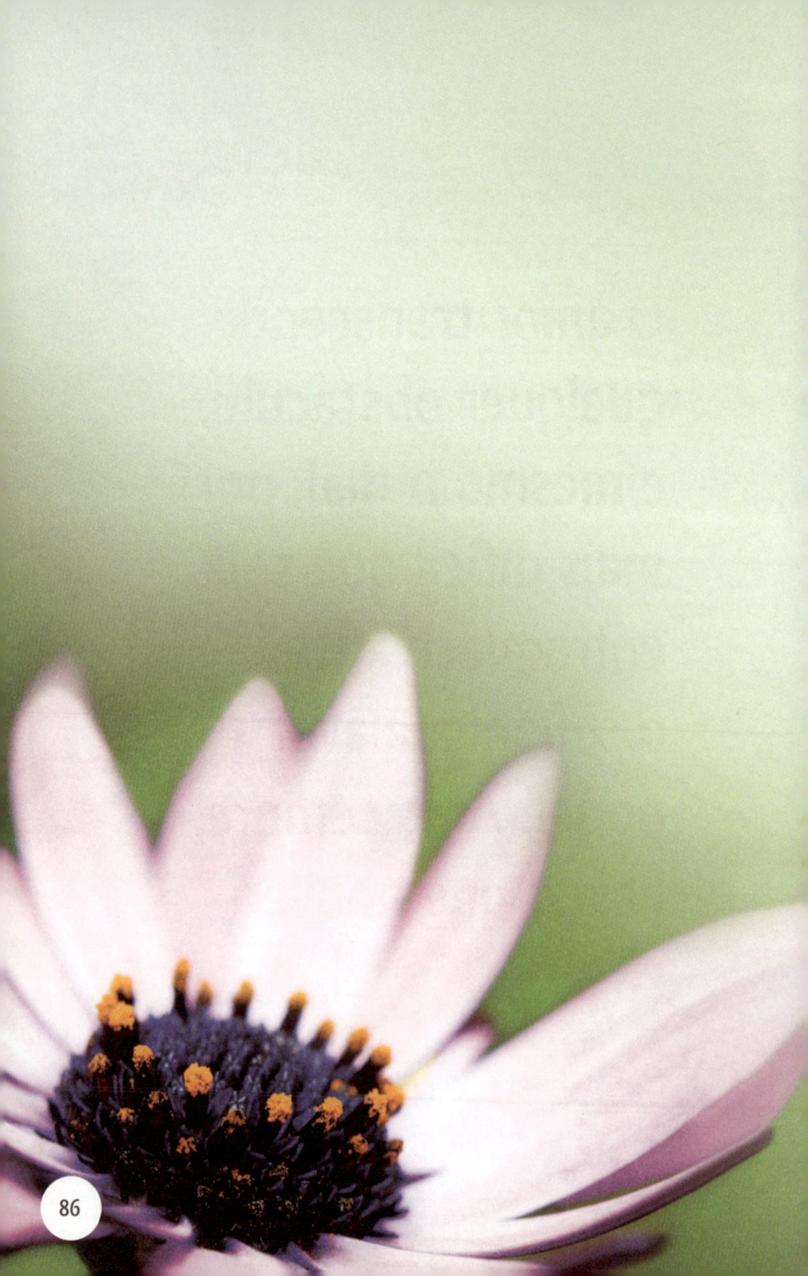

Nada está perdido para sempre. Em todo lugar há um recanto onde as coisas ocultas aguardam o momento de se mostrarem. Confie e siga com fé.

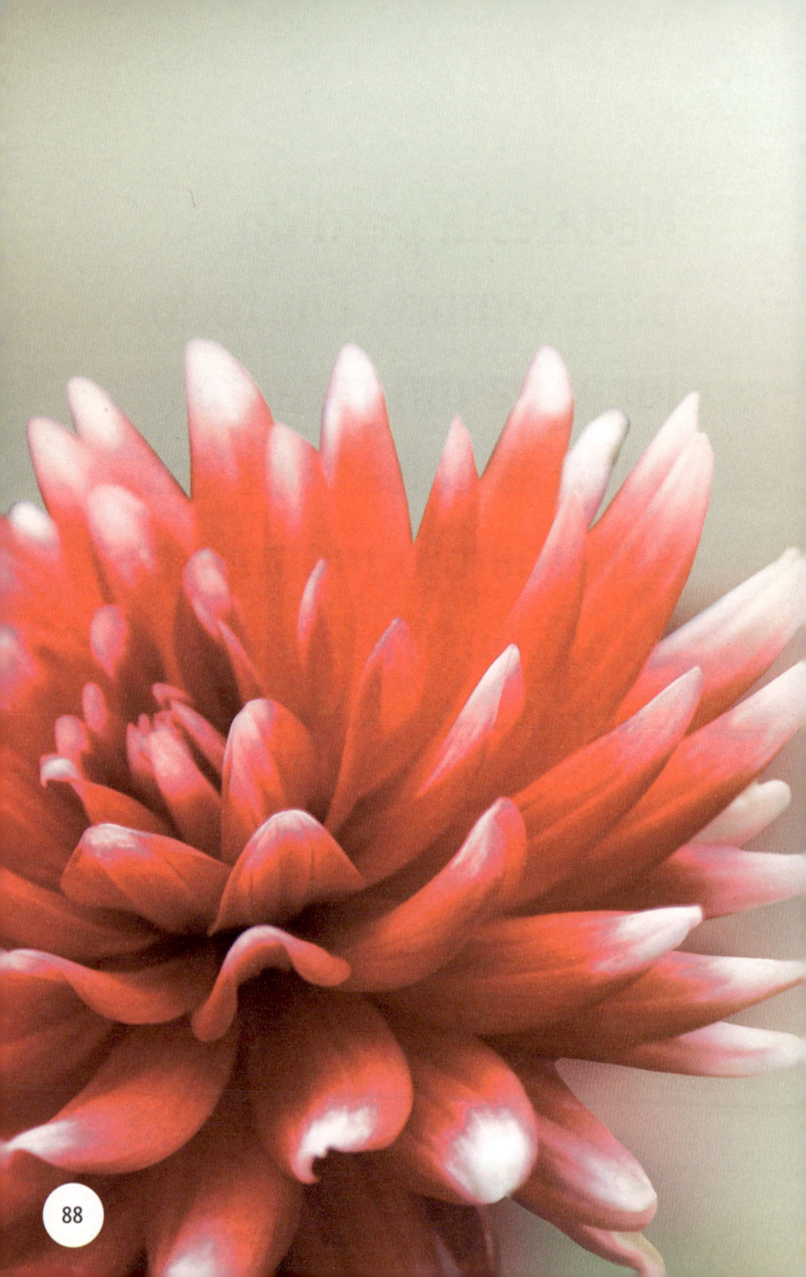

O amor verdadeiro
não sente ciúme, não
aprisiona nem abandona.
O amor verdadeiro
compreende e perdoa.

Conheça os romances que fazem diferença na vida de milhões de pessoas.

Zibia Gasparetto

A verdade de cada um
A vida sabe o que faz
Entre o amor e a guerra
Esmeralda - nova edição
Espinhos do tempo
Laços eternos
Nada é por acaso
Ninguém é de ninguém
O advogado de Deus
O amanhã a Deus pertence
O amor venceu
O fio do destino
O matuto
O morro das ilusões
Onde está Teresa?
Pelas portas do coração - nova edição
Quando a vida escolhe
Quando chega a hora
Quando é preciso voltar

Se abrindo pra vida
Sem medo de viver
Só o amor consegue
Somos todos inocentes
Tudo tem seu preço
Tudo valeu a pena
Um amor de verdade
Vencendo o passado

Ana Cristina Vargas
A morte é uma farsa
Em busca de uma nova vida
Em tempos de liberdade
Encontrando a paz
Intensa como o mar

Amadeu Ribeiro
O amor nunca diz adeus
A visita da verdade

Eduardo França
A escolha
A força do perdão
Enfim, a felicidade

Lucimara Gallicia
O que faço de mim?
Sem medo do amanhã

Sérgio Chimatti
Apesar de parecer... ele não está só
Lado a lado

Leonardo Rásica
Luzes do passado

Márcio Fiorillo
Em nome da lei

Flávio Lopes
A vida em duas cores
Uma outra história de amor

Floriano Serra
Nunca é tarde
O mistério do reencontro

Evaldo Ribeiro
Eu creio em mim

Marcelo Cezar

A última chance
A vida sempre vence - nova edição
Ela só queria casar...
Medo de amar - nova edição
Nada é como parece
Nunca estamos sós
O amor é para os fortes
O preço da paz
O próximo passo
O que importa é o amor
Para sempre comigo
Só Deus sabe
Um sopro de ternura - edição revista e atualizada
Você faz o amanhã

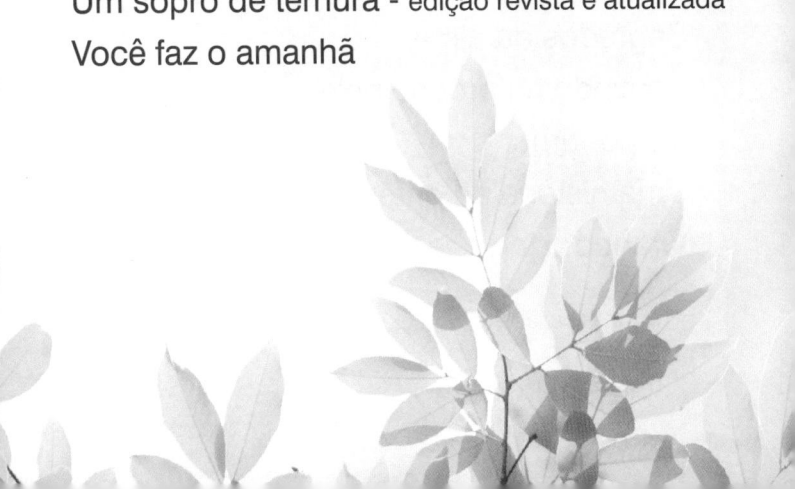

Mônica de Castro

A atriz - edição revista e atualizada
Apesar de tudo...
Até que a vida os separe
Com o amor não se brinca
De frente com a verdade
De todo o meu ser
Gêmeas
Giselle – A amante do inquisidor - nova edição
Greta
Jurema das matas
Lembranças que o vento traz
O preço de ser diferente
Segredos da alma
Sentindo na própria pele
Só por amor
Uma história de ontem - nova edição
Virando o jogo

Conheça mais sobre espiritualidade e emocione-se
com outros sucessos da Vida & Consciência.
www.vidaeconsciencia.com.br

**Alma e Consciência TV.
Uma maneira moderna e prática de se
conectar com a espiritualidade.
Acesse: www.almaeconscienciatv.com.br**

FIQUE POR DENTRO DE NOSSAS REDES SOCIAIS!

/vidaeconsciencia
/zibiagasparettooficial

@vidaconsciencia
@zibiagasparetto

**VIDA &
CONSCIÊNCIA**
GRÁFICA

Rua Agostinho Gomes, 2.312 – SP
55 11 3577-3200

grafica@vidaeconsciencia.com.br
www.vidaeconsciencia.com.br